OHSAMA
BUNKO

やせたいなら、
これをやめなさい。

上野啓樹

三笠書房

◆はじめに

一つやめるごとに、心も体もスッキリ軽くなっていく！

「いままでいろんなダイエットを試したけど、なかなかやせられない」
「ダイエットしたら、かえって脂肪がつきやすくなった」
「せっかくやせても、すぐリバウンドしてしまう」
「体重は落ちたけど、以前より老《ふ》けて見える」

こんな声をよく聞きます。

私はダイエットアカデミーというスクールで、これまで2300人以上の方のダイエットをサポートし、成功に導いてきました。また、国内外の講演会やセミナーは1000回を優に超え、なかなかやせられない人、ダイエットに失敗した人、リバウンドに悩む人にもアドバイスをしてきました。

そのなかでダイエットをしてもなかなかやせられない人には、ある共通点があることに気がつきました。いったいなんだと思いますか？

それは、「足し算思考」で行動していることです。

たとえば、それまでまったく運動してこなかったのに、急にジムに通い始める。食べることが好きなのにいきなり食事制限を始める。あるいは、誰かが成功したという話を聞いて、よくわからないまま「○○ダイエット」を始める。

もちろん、行動することはダイエットを成功させるうえでとても大切です。でも思いつきで新しいことを始めて、それを続けるのには、とてつもないエネルギーが必要です。

じつは、ダイエットがうまくいかない人の「足し算思考」の根底には、「自分には何かが足りない」という欠乏感があります。つまり、「自分はいまのままではダメだ」「いまの自分を認めたくない」という自己否定感があるのです。そのため、ダイエットをしても、本当の美しさにつながりにくいのです。

それだけではありません。ダイエットをすることで元気がなくなったり、ちょっとしたことで不安や心配になったり、肌荒れや冷え性に悩まされたりするようになる人もいます。実際、やせることはできたものの不健康になってしまった方をたくさん見てきました。

せっかくダイエットをするなら、健康的に美しくなりたい、自分のことをもっと好きになりたいと思いませんか？

そのためには、どうしたらいいのでしょうか。それが本書で紹介する、「足し算思考」とは真逆の「引き算思考」によるダイエットです。

たとえば、早食いをやめる、一人ランチをやめる、スムージーをやめる、ジムに通うのをやめる、体重計に乗るのをやめる、サプリメントをやめる、などなど。

「え、これってやらないほうがよかったの？」と思われることもあるかもしれませんね。

私はこれまで女優やモデル、ミス・ユニバース・ジャパンやキャビンアテンダントの指導もしてきましたが、彼女たちは、何か特別なことをやっているわけではありません。それどころか、彼女たちの多くは、ダイエットのためにみんなが〝やっていること〟を〝やっていない〟のです。

本書では、そんな「やめるだけで、やせてきれいになれる」方法を惜しみなく紹介していきます。当たり前ですが、やめるだけだからとても簡単。お金もかからず、無駄が減って時間もできます。

さっそく、心も体もきれいになって、自己肯定感まで上がるダイエットを一緒に始めましょう！

ダイエットアカデミー代表　上野啓樹

◎もくじ

はじめに　一つやめるごとに、心も体もスッキリ軽くなっていく！　3

I章 やめたら、やせた！　食事のコツ

……おいしく食べれば太らない

✦早食いをやめる　20
脳が「お腹いっぱい」とわかるまで20分かかる
✦朝食をやめる　23
「お腹がすいてから食べる」といいことがいっぱい！
✦ご飯を減らすのをやめる　27
少しの量で満足感たっぷり！　の食べ方

◆野菜ジュースをやめる 30
じつは、糖がたっぷりの意外な飲み物
◆栄養バランスにこだわるのをやめる 33
胃腸にやさしい食事は太らない
◆3時のおやつをやめる 36
1日1回、しっかりお腹がすく時間をつくる
◆「食べてはいけない」と思うのをやめる 39
無駄に食べたい気持ちをラク〜に手放すコツ
◆スムージーをやめる 41
「フルーツの美容効果」を100%いただくには
◆酢を飲むのをやめる 44
体にいい成分も、とりすぎると逆効果
◆乳酸菌飲料をやめる 47
ダイエット中には飲まないほうがいい理由

2章

そのダイエットの常識、捨ててください

……いらない努力、していませんか？

一人ランチをやめる 50
脳を満足させれば、食べすぎない

「いつも同じメンバー」で食べるのをやめる 53
刺激がないと、人は見た目も劣化する

体を「糖化」させる食事をやめる 56
老けやすい人は、太りやすい

体重計に乗るのをやめる 60
昨日の食べすぎを「なかったこと」にする方法

カロリー計算をやめる 63
数字は気にしないほうがやせられる

◆ヨーグルトをやめる　66
腸を整え、きれいにしたいなら……
◆糖質制限をやめる　69
無理なくやせるいちばんの方法
◆ファスティングをやめる　72
一生やせにくい体になる前に！
◆サプリメントをやめる　75
ダイエットのためのサプリについて
◆プロテインをやめる　78
タンパク質は「いつもの食事」で十分足りる
◆減量をやめる　81
キツイ、ツライ、苦しい方法は効果なし！
◆体型を隠すのをやめる　85
ありのままの自分を見せたら体は引き締まる！

3章 やせたいなら気にしない、こだわらない
……ダイエットはメンタルが9割

◆流行のダイエットをやめる 88
話題の方法より、たった3分のストレッチが効く理由
◆結果だけで考えるのをやめる 92
ダイエット版「原因と結果の法則」
◆SNSを見るのをやめる 95
やせるには、1日30秒あればいい
◆イライラするのをやめる 99
深呼吸で気持ちも食欲もクールダウン
◆不平不満をいうのをやめる 102
心と体をすがすがしく保つコツ

◆太る習慣をやめる 105
驚くほど簡単に、しかも自然にやせていく
◆「べき」思考をやめる 109
もっと気楽にものごとを考える練習をする
◆人に合わせるのをやめる 112
自分が心から「やりたいこと」に忠実に
◆過去の自分と比べるのをやめる 115
「未来の自分だったらどうする？」と考える
◆完璧主義をやめる 118
きれいになりたいなら、ほめてほめて、ほめまくる
◆人と比べるのをやめる 121
やせて「なりたい自分」になる近道
◆ストイックになるのはやめる 124
劇的な効果を求めると、ダイエットは続かない

◆悩むのをやめる 127
自分の頑張りを無駄にしないために
◆迷うのをやめる 130
この「潔さ」がダイエットのキモ
◆不安に思うのをやめる 133
体重の増減に一喜一憂しない
◆「足りない」と思うのをやめる 136
必要以上に食べたくなくなる「考え方」

4章 いまやめれば、一生「きれい」が続く

……自然に体が整い、人生も変わる

◆「シャワーだけ」をやめる 140
きれいな人は「バスタイム」を大切にする

◆柔軟剤を使うのをやめる
香りの「成分」について知っておいてほしいこと 143
◆買い置きをやめる
なければ、食べずにすむことがほとんど！ 147
◆いつも同じ手でバッグを持つのをやめる
体の重心が整い、脳も活性化する！ 151
◆同じ姿勢で寝るのをやめる
睡眠の質を上げる「眠り方」 154
◆「みんなと同じ」をやめる
あなたがやせられない本当の理由 157
◆「続かないこと」はやらない
ダイエットの失敗は「成功のもと」にはならない 160
◆朝のスマホ、夜のスマホをやめる
眠るだけできれいになるために 163

◆忙しくするのをやめる
自分時間のある人ほど健康的で美しい 166
◆時間管理をやめる
時間ではなく自分の行動をコントロールする 169
◆お風呂で電気をつけるのをやめる
バスタイムを大切にする人、しない人 172
◆二度寝をやめる
体内時計は、決まった時間にリセットされる 175
◆夜ふかしをやめる
「きれいになるホルモン」は夜、つくられる 178
◆先延ばしをやめる
なにごとも気づいたらすぐやるだけで…… 182
◆モノをたくさん持つのをやめる
片づけとダイエットは似ている 185

5章

太らない自分になる「お金の使い方」

……いらないものを手放すうれしい効果

✦健康器具を買うのをやめる 190
やせてきれいになる自己投資の方法

✦高価な化粧品を買うのをやめる 194
お金をかけた「きれい」には限界がある

✦安易にモノを買うのをやめる 198
たとえば「宅配で買う飲み物は水だけ」と決める

✦スーパーのカートは使わない 201
いま必要でないものまで買ってしまう心理

✦食事のデリバリーを頼むのをやめる 204
食に対するリスペクトがなくなると太る

安いお酒を買うのをやめる 207
お酒一つでも、こだわりを持って選ぶと……

「お得だから買う」をやめる 211
買い物とダイエットの共通点を知っている？

「貯金はいいこと」という考え方をやめる 215
お金もダイエットも「循環」が大事

6章

ダイエットに「運動」は必要ない

……リバウンドと一生無縁になる方法

ジムに通うのをやめる 220
運動でやせるのは意外と難しい

「サボる」という言葉は使わない 224
頑張らないから挫折しない、魔法のルーティン

✦運動するのをやめる 227
代謝さえ上がればやせるという「誤解」
✦万歩計の歩数確認をやめる 231
たくさん歩くより大切なこと
✦エスカレーターを使うのをやめる 234
やせられない人の「ドラえもんとのび太の法則」

編集協力　樋口由夏

I章

やめたら、やせた！食事のコツ

……おいしく食べれば太らない

早食いをやめる

脳が「お腹いっぱい」とわかるまで20分かかる

「早食いをすると太る」という話を聞いたことがあるのではないでしょうか。

食事をして満腹を感じるのは、脳の視《し》床下部《しょうかぶ》にある満腹中枢の働きですが、食事をとって血糖値が上がり、そこに刺激が届くまでに約20分かかるといわれます。

つまり、**食事をして「ああ、お腹《なか》いっぱいになった！」と認識するのに20分かかる**ということです。

ところが、食べるスピードがはやいと、満腹中枢が刺激される前に食べすぎてしまいます。そのため、お腹いっぱいと感じるころには必要以上に食べてしまっていて、「もうお腹がパンパン！」なんてことに。これが早食いをすると太りやすくなる原因です。

どんなに忙しくても、デスクでランチをかき込むような状況でも、やせたいなら食事には20分以上かけるのが原則です。

「早食い」が太る引き金になる理由はもう一つあります。

食事をすると血糖値が上がると書きましたが、食べるスピードがはやいと、血糖値が〝急激に〟上がりやすくなります。

少し専門的な話になりますが、食事をして血糖値が上昇すると、それを抑制しようとすい臓からインスリンというホルモンが分泌されます。それによって血糖はコントロールされるのですが、血糖値が急激に上昇してしまうと、すい臓は短時間で必要なインスリンを分泌しようと一生懸命働きます。

するとすい臓に負担がかかり、疲弊《ひへい》しやすくなるのです。それでもすい臓はインスリンを分泌しようとします。でも疲れきったすい臓から分泌されるインスリンは、その量が少なかったり、分泌されても十分に働かなかったりします。

そうなると、**血糖のコントロールがうまくいかず、太りやすくなるのです。**

つまり、早食いは、満腹中枢の面からも、血糖値の上昇の面からも、ダブルで太りやすくさせるということです。

早食いの人は、意外とそれを自覚していない人が多いもの。一度、自分が20分以上かけて食べているかチェックしてみましょう。

ちなみに、**食事のあとに眠くなるのは、「早食い」をしているサイン**です。

あなたはどうですか？　ゆっくり食事を楽しんでいますか？

早食いのクセがついてしまっている人におすすめなのが、「ひと口食べたら箸《はし》を置く」習慣です。ひと口食べたら箸を置き、口のなかのものがなくなってから、また箸を持ってひと口食べるようにしましょう。

POINT
ひと口食べたら箸を置く！　食事は20分以上かけて優雅に

朝食をやめる

⇩「お腹がすいてから食べる」といいことがいっぱい！

あなたは「朝食を抜くと太る」と思っていませんか？

前日の夕食から朝食までは一般的には10～12時間くらいは間隔があくので、朝はお腹がすいています。それに加えて朝食を抜くと、ランチまで空腹が続きます。その状態でランチを食べてしまうと、血糖値が急激に上がって、脂肪が蓄積されるので、たしかに太りやすくなってしまいます。

「なるほど、やっぱり朝食は食べるべき！」――そんな声が聞こえてきそうです。

また、「朝、食べないと体力が持たない」「朝しっかり食べておかないと脳にエネルギーがいかない」と思っている人もいます。

でも、ちょっと待ってください。

みなさん〝食事をすると眠くなる〟経験をしたことがあるはずです。食後に眠くなる理由の一つは、消化にエネルギーを使うためです。体を休ませることで体力を回復させようとして眠くなるのです。

では、朝にお腹いっぱい食事をして消化にエネルギーを使ってしまったら、1日を活動的に過ごせるでしょうか。午前中から集中して勉強や仕事をしたい人、家事や育児をフル回転でやりたい人は、消化にエネルギーをとられて眠くなってしまっては困りますよね。

しかも、食事をしてもそれがすぐにエネルギーになるわけではありません。食べたものは消化・吸収されてはじめてエネルギーになります。それには時間がかかるので、朝食を食べなかったからといって体が持たないとか、脳にエネルギーがいかないということはないのです。

逆に、朝食を抜くことで単純にその分の摂取カロリーが減るため、ランチや夕食

で食べすぎない限り、太ってしまうということはありません。
誤解のないようにいうと、「朝食を食べてはいけない」といっているわけではありません。「必要ないのであれば、食べないほうがいい」ということです。朝、お腹がすいていないのなら、無理して食べる必要はないでしょう。

朝にどうしても何か口にしたいときは、**消化にエネルギーを使わないフルーツがおすすめ**です。

フルーツは果糖が入っているので、空腹時に食べると血糖値が急上昇して太ってしまうのでは？　と思われるかもしれませんが、果糖はじめフルーツに含まれる糖は天然の糖で、血糖値が急上昇することはありません。

しかも、フルーツには「天然の酵素《こうそ》」がたくさん含まれています。その天然の酵素は、消化、吸収、排泄を助け、デトックスや新陳代謝を促《うなが》してくれるダイエットの強い味方。ただし、加熱したり、フルーツ以外の食材と混ぜて食べたりすると、その効果は失われてしまいます。フルーツは生《なま》で、それも胃が空《から》っぽの状態のとき、単体で食べてこそ効果があるのです。

試しに1週間だけでも朝食を食べるのを控えてみてください。きっとパフォーマンスの向上を実感し、朝から活動的に過ごすことができるでしょう！

POINT
朝食をやめて、朝からフル稼働！

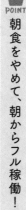

ご飯を減らすのをやめる

⇩少しの量で満足感たっぷり！　の食べ方

やせたい人が食事で必ずやっていること。それが、「ご飯の量を減らすこと」ではないでしょうか。

ダイエットのためにご飯の量を減らすのは、間違いではありません。でも、ダイエット中のある一定期間だけなら続けられるかもしれませんが、ご飯を食べることが大好きな人にとっては、ちょっと寂《さび》しいのではないでしょうか。

人は食べ物を口だけで味わっているわけではなく、目でも楽しんでいます。むしろダイエットでは、視覚で満足することがとても大切なのです。

ご飯の量が目に見えて少なくなると、脳は「足りない」「もっと欲しい」と感じ

てしまいます。そんな欠乏感を伴うダイエットは長続きしませんし、やせられたとしてもリバウンドしやすくなります。

ダイエットを成功させるのに大切なのは、「無理なく継続できること」です。

ですから、食事においては「足りない」と感じないようにする工夫が必要です。

まずはお茶碗のサイズを小さくして、たっぷりご飯をよそいましょう。こうすると見た目は大盛りなので、視覚的に「足りない」と感じにくくなります。

「いやいや、そんなことではごまかされない」という方は、思いきって普通にご飯を食べてしまいましょう！

ご飯の量が少なすぎると物足りなさを感じ、間食が増えたり、お酒を多めに飲んでしまったりする人もいます。「足りない」という気持ちがそうさせるのです。

これではいくらご飯の量を減らしても、かえって太ってしまいます。

ですから一度、心から満足する量のご飯を食べてみましょう。ただし、このとき、ひと口につき40回噛《か》むようにしてみてください。よく噛むことでお米の自然な甘みが感じられ、いつもよりおいしくいただけます。

やってみるとわかりますが、普段、私たちがいかにご飯をきちんと噛まずに飲み込んでいるかも実感できます。

また、**咀嚼《そしゃく》回数が多いと、それだけ満腹中枢が刺激され、少量で満腹感を得ることができます。**きちんと噛むことで消化も助けられ、胃の負担が減ります。

そうすれば頑張らなくても自然に少ないご飯で満足できるようになるでしょう。

「ご飯の量を減らす」のではなく「気づいたら減っていた」なら、大成功です！

POINT

量は増やさす、満足度を上げよう！

野菜ジュースをやめる

⇩じつは、糖がたっぷりの意外な飲み物

ダイエット中に野菜ジュースを飲んでいる方は多くいます。

「野菜だから健康にいい」

「飲むだけで、日頃の野菜不足を補《おぎな》うことができる」

こんなイメージがあるためか、いわゆる〝清涼飲料水〟は飲まないようにしていても、野菜ジュースなら気にせずに飲んでいる人が多いのです。

でも、その野菜ジュースを飲むことが、太ってしまう原因になっているといったら驚かれるでしょうか。

じつは、野菜ジュースには糖がたっぷりと含まれています。商品にもよりますが、スティックシュガーに換算すると200ミリリットルあたり約5本分も入っている

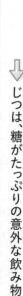

ものもあります。

想像してみてください。ブラックコーヒーにスティックシュガーを5本分も入れたら、甘くて飲めたものではありません。それなのに、野菜ジュースになると飲めてしまうのですから、不思議ですよね。

「野菜ジュースを飲んでもそこまで甘くないけれど……」という声が聞こえてきそうですが、試しにいつも飲んでいる野菜ジュースを常温で飲んでみてください。とても甘く感じるはずです。

同じ甘さでも冷たくなると味覚が麻痺《まひ》し、甘さを感じにくくなります。たとえばアイスクリームには大量の砂糖が使われていますが、凍《こお》っていて冷たいから普通においしく食べられるのです。

野菜100％のジュースのなかには、原材料名に「砂糖」と表示されていないものもあります。でも、残念ながら表示されていないだけで入っている可能性があります。日本の食品表示のルールでは、国が決めた基準を下回っていれば表記する必要がないからです。

そうして気づかずに飲んでいるジュースに含まれる糖分は、消化の必要がないため**短時間で吸収され、一気に血糖値が上がるので、肥満につながるのです。**

また、ミキサーやジューサーなどで野菜ジュースをつくったことがある方はわかると思いますが、野菜をそのまま搾《しぼ》ったジュースは、すぐに酸化して色が変わります。

市販の野菜ジュースは時間がたっても色が変わりません。酸化防止剤や保存料などが入っているためです。さらに、ダイエットに有効な野菜に多く含まれる食物繊維も、飲みやすくするためにあらかじめ取り除かれてしまうことがほとんどです。

野菜をとるなら、サラダにしたり温野菜にしたり、そのままとることをおすすめします。

POINT
野菜は市販のジュースではなく、素材のままを味わおう

栄養バランスにこだわるのをやめる

⇩ 胃腸にやさしい食事は太らない

栄養バランスにこだわらないって、どういうこと!?　と思われるでしょうか。

ダイエットや健康を語るとき、必ずといっていいほど「バランスのよい食事をとりましょう」といわれます。

そもそも「バランスのよい食事」とはどのような食事でしょうか。

たとえば、主菜、副菜、主食、汁物をとるとか、一汁三菜《いちじゅうさんさい》が基本とか、1日に30品目食べようなどといわれたりします。

つまり、「いろいろな食材がとれる食事」ということです。たしかに、バランスのよい食事といわれている組み合わせは、バラエティに富み、いかにもいろいろな栄養素がとれそうです。

しかし、いろいろな栄養素がとれる一方で、問題点もあります。

バランスのよい食事は、さまざまな食材の集まりでもあります。異なるものを同時に胃のなかに入れてしまうと、消化不良を起こす可能性があるのです。

消化不良とは、胃腸の働きが弱くなって食べたものが十分に消化されなくなることです。胃腸の働きが弱まると老廃物が排泄されずに体内に残り、体がむくみやすくなって肥満につながります。

また、胃腸の働きが弱くなれば下痢をしやすくなるだけでなく、便秘にもなりやすくなります。その状態で食事をとっても、消化・吸収に時間がかかるだけ。ますます代謝が悪くなってさらにむくむという悪循環に陥ってしまうのです。

だからダイエットをする際は、栄養バランスは意識しすぎなくてOK。

胃腸が弱い人はとくに、バランスのよい食事にこだわりすぎると、いろいろな食材を同時に消化しないといけなくなり、消化不良を起こして胃痛や胸やけ、下痢、便秘になりやすくなるので、注意しましょう。

食事のメニューを考えるときのポイントは、「3日で1セット」です。

一度にたくさんの食材を食べてバランスをとろうとしなくても、3日間の食事のトータルでバランスがとれていればいいのです。

ダイエットの大敵である「食べすぎ」も、一食くらいなら太ることはありません。食べすぎてしまったら、そのあとの食事で調節すればいいのです。

食事の量に関しても、3日間を通して見ることが大事です。

POINT
栄養バランスは「3日で1セット」を意識しよう

3時のおやつをやめる

1日1回、しっかりお腹がすく時間をつくる

3時のおやつをやめるといっても、「おやつ」そのものをやめなさい、といっているわけではありません。

私自身もスイーツ（とくにチーズケーキとあんこ）が大好きで、よく食べますが、そのときに「これだけは」と決めていることが一つあります。

それは、**「空腹時には食べないようにする」**ということです。

前にも書きましたが、食事をすれば血糖値が上がります。とくに空腹時に糖質の多いものをとれば血糖値は急上昇してしまい、それが太る原因になります。スイーツであればなおさらです。

そう、おやつで大切なのは食べるタイミングです。それは、血糖値が急上昇しにくいとき。つまりは、「食後」です。

だから食後のスイーツは大正解！

食後は血糖値が上がっているので、そのあとにスイーツを食べても、血糖値が急上昇することはありません。食べるのに絶好のタイミングです。

3時におやつを食べるのは、小腹がすいてしまうからですよね。

たとえば12時にランチをとれば、3時ごろに甘いものを食べたくなる気持ちはわかります。でも、ここで甘いおやつを食べてしまうと、せっかく下がってきていた血糖値が再び上昇してしまいます。

また、3時のおやつを食べると空腹の時間が短くなり、胃は休む間もなく消化活動を続けることになります。これが疲労や老化、肌荒れの原因になってしまうのです。なぜなら、老化した細胞を活性化し、若々しく元気にするサーチュイン遺伝子の働きが活発になるのは空腹のときだからです。

つまり、**疲労回復や傷の修復、そして肌の再生のためには空腹の時間が必要ということ**です。そういう意味では、「空腹には最高のアンチエイジング効果や美容効果がある」といえます。

小腹がすいたからとすぐにおやつを口にするのは、肥満はもちろん、老化を進ませるだけ！　空腹の時間をきちんとつくり、スイーツを食べるなら食後すぐ、と心得ましょう。

POINT

甘いものを楽しみたいなら「食後のデザート」で

「食べてはいけない」と思うのをやめる

無駄に食べたい気持ちをラク～に手放すコツ

「やせたいなら食べすぎてはいけない」

こんなこと、いわれなくてもわかっていますよね。

でも、「食べるな」と禁止されると、逆に食べたくなってしまいませんか？

これはなぜでしょうか。意志が弱いから？　いえいえ、そういうわけではありません。これは、潜在意識の問題なのです。

人は「食べてはいけない」と思えば思うほど、かえって「食べる」という言葉に意識が向かってしまいます。それは、潜在意識が「よい・悪い」を判断することがなく、また主語も否定形も認識しないためです。

突然ですが、「ピンクのゾウを思い浮かべないでください」といわれたら、どうですか？　いま、頭の中に、ピンクのゾウが浮かんだのではないでしょうか。
つまり、人間は「○○をしないで」といわれると、その「○○」を意識してしまうものなのです。ですから、「食べてはいけない」と思うと、潜在意識に「食べる」という言葉が刷《す》り込まれてしまいます。いくら食べないようにしようと思っても、「食べたい、食べたい！」となってしまうのです。

でも逆に、この脳の働きをうまく使えば「食べたくなる気持ち」を簡単に手放すことができます。
どうすればいいかというと、**なりたい自分、理想の自分をイメージする**のです。簡単でしょう？　そうすると、よいイメージが潜在意識に刷り込まれるので、無駄に食べたいという気持ちにはならなくなっていきますよ。

POINT
ダイエット中に禁止事項をつくらない！

スムージーをやめる

⇩「フルーツの美容効果」を100%いただくには

野菜やフルーツを丸ごとミキサーにかけてつくるスムージーは、美容や健康にいい朝食の定番という印象があります。

食物繊維や酵素をしっかりとることができるし、ヨーグルトを入れたり、豆乳を入れたりとアレンジもできて、お腹も満たされるので、ダイエットにぴったり！

——そんなイメージを持っている人も多いでしょう。

でも、そんなスムージーにも落とし穴があります。

それは、食材の組み合わせによっては、体によくない影響があるということ。とくにフルーツは要注意です。

もちろん、フルーツがいけないわけではありません。それどころかフルーツは、むくみの解消、便秘の改善、美肌効果などが期待できる、美容には不可欠な食材です。ただ、ほかのものと一緒にとらないでほしいのです。

たとえば野菜やヨーグルト、豆乳を入れてスムージーをつくるのはいいのですが、そこにフルーツを混ぜるのはＮＧということです。その理由は、**野菜とフルーツでは酵素の種類が違う**からです。

前のほうでも書きましたが、フルーツには「天然の酵素」があり、胃のなかが空っぽのときにフルーツだけを食べると、およそ20分で消化されます。

しかし、それ以外の消化に時間がかかるものと同時に食べてしまうと、フルーツの酵素の効果が発揮されません。しかも、ほかの食べ物が消化されるまで、胃腸にとどまることになり、それによって食べ物が体のなかを「本来のペース」で進めなくなるという研究結果もあります。

つまり、腸内の流れが滞《とどこお》ってしまうということ。

フルーツの果糖は、消化にエネルギーを使わないものですが、本来消化のスピードがはやいものが腸内に長くとどまると、発酵が進んでガスがたまったりすることもあります。これでは、せっかく体にいいものをとり入れても逆効果になってしまいますよね。

フレッシュな野菜やフルーツたっぷりのスムージーはいかにも体によさそうですが、ただ飲めばいいわけではありません。

美しく健康にやせる目的でとるなら、それぞれの食材が持つ酵素を生かせるよう、上手にとり入れましょう。

POINT
スムージーにフルーツを入れるなら組み合わせが大事！

酢を飲むのをやめる

体にいい成分も、とりすぎると逆効果

リンゴ酢は、脂肪分解作用によるダイエット効果に加え、血糖値や血圧をコントロールする作用、美肌効果などがあるとされ、積極的に飲んでいる人も多いようです。

「酢を飲むとやせる」という情報は広く出回っており、調味料としても使いやすいため、積極的に料理に酢をとり入れている人もいます。

でもいくら体にいいといわれるものでも、とり方によってはダイエットどころではなくなってしまうことがあります。

私の友人の話ですが、ダイエットに効果があるからと、リンゴ酢を毎日、適量飲んでいました。

すると食欲が落ち、体重がスルスルッと3キロ落ちたそうです。これはすごいと喜び、それからもずっと飲み続けていたのですが、3週間たったころ、胃がキリキリと痛むようになり、やがて耐えられなくなって病院で診察を受けたそうです。

そこでの診断は「急性胃炎」。原因は「酢のとりすぎ」の可能性が高く、しかも、もう少し受診が遅れていたら、胃潰瘍《いかいよう》になっていたとのことでした。大事に至らなくてよかったのですが、友人は「もうリンゴ酢は飲みたくない」と、すっかり懲《こ》りた様子でした。


酢を飲んでやせるとすれば、酢の脂肪分解作用や血糖値の上昇をゆるやかにする作用に加え、食前や空腹時に飲むと胃が刺激されて食欲が落ちるせいでしょう。

適量だとしても、私の友人のように急性胃炎を起こすこともあります。飲みすぎたり、希釈《きしゃく》せずに飲んだりすると胃を荒らし、ひどくなると胃潰瘍や逆流性食道炎を引き起こしてしまうこともあります。

また、酢は酸性なので、とりすぎると歯のエナメル質が溶《と》ける原因にもなります。

酢は胃腸が弱い人はとくに注意が必要ですし、そもそも〝やせるための飲み物〟ではありません。料理などに活用したり、飲みたいときにたまにとり入れる程度にしておきましょう。

POINT
酢でやせられるなら、みんなとっくにやせている⁉

乳酸菌飲料をやめる

ダイエット中には飲まないほうがいい理由

いま話題の乳酸菌飲料。飲み続けることで、ストレスをやわらげる、睡眠の質を高める、腸内環境を改善するなどの効果があるといわれています。その情報が広まり始めると、スーパーやコンビニエンスストアからは商品が消え、入手困難になるほどのブームに。いまだにその人気は継続中です。

それだけ日頃からストレスを感じたり、よく眠れなかったり、疲れがとれないと感じたりしている人が多いということでしょう。

しかし、残念ながらダイエット中に乳酸菌飲料はおすすめできません。

なぜなら、砂糖がたくさん入っているからです。

その量は、1本65ミリリットルあたり、角砂糖にすると約4個分くらいと思われます。

原材料名を見ると、最初に「砂糖」と書かれています。原材料表示は、重量の多いものの順に並んでいます。ということは、「砂糖」がもっとも多く含まれているということ。そのほか、「ぶどう糖果糖液糖」「高果糖液糖」と書かれています。つまり、ほとんどが糖分なのです。乳酸菌飲料を実際にフライパンで煮詰めてみたら、砂糖が残ることでしょう。

乳酸菌飲料を飲んだ人が精神的なストレスを緩和できたと感じるのだとしたら、実際にその効果はあるのかもしれません。しかし問題になるのは、やはり乳酸菌飲料に含まれる糖分です。ストレス緩和を期待して継続的に飲むことは、大量の糖分をとり続けるということだからです。

また、砂糖は依存性が高く、ストレス緩和のために飲んでいるつもりが、糖分に対する依存によって、飲み続けないといられなくなってしまう可能性もあります。

最近は、乳酸菌の働きで「お腹の脂肪を減らす」「内臓脂肪を減らす」とうたったドリンクも市販されていますが、身も蓋《ふた》もないことをいえば、これが可能であればお腹が出ている人はいなくなるのではないでしょうか。

仮に乳酸菌飲料に脂肪を減らす効果があるとしても、人間の体はすべてつながっているので、部分的に脂肪を減らすというのは現実的ではないと思います。

飲むならたまに、嗜好品としてとることをおすすめします。

POINT ダイエットもストレスも、飲み物だけでは解決しません

一人ランチをやめる

⇩ 脳を満足させれば、食べすぎない

コロナ禍以来、食事の風景が大きく変わりました。

学校の給食でも、子どもたちがグループになって楽しそうにおしゃべりしながら食べていたのが、みな同じ方向を向き、食事中は話をしてはダメ。ビジネスパーソンも仲間と連れ立っていくランチ風景が消え、一人で食べる姿が当たり前になっていました。

ところが、世の中が落ち着いてきたいまも、そのときの習慣のまま一人で食べる人が多いようです。

じつはこの一人ランチが太る原因になっているといったら驚かれるでしょうか。

なぜ、「一人ランチ」が太る原因になるのでしょうか。

一人ランチの光景をちょっと思い起こしてみてください。

誰とも会話するわけではないので、手持ち無沙汰です。すると手にするのはスマホではないでしょうか。

そして、そのスマホの画面を見ながらランチを食べていませんか？　いわゆる「ながら食い」状態です。この食べ方が太る原因になっているのです。

スマホ画面の情報に気をとられていると、口のなかの食べ物に意識がいきません。いつの間にか食べるスピードもはやくなっています。

そうなると「あっ、このサラダのドレッシング、好きなタイプだ」とか、「そういえば、昨日のランチも豚肉がメインだったな」とか、「なんだかお腹いっぱいだから、ご飯はちょっと残そう」などと感じる間もなく食べ終わってしまうのです。

「ながら食い」は、食事を本当に味わっていないので、脳が「食べた」と認識しません。そのため十分に食べていても満足感が得られず、その後の間食につながったりしてしまうのです。

でも、誰かと一緒に楽しく会話しながらのランチだったらどうでしょうか。そんな心配はないですよね。

一人ランチがいけないわけではありませんが、どうしても「太りやすい食べ方」になってしまいます。ときには誰かを誘って食事に出ることをおすすめします。

一人ランチになってしまうこともあるとは思いますが、そのときは、意識してスマホは見ないようにして、目の前の料理を味わって食べるようにすることが大事です。

POINT
食事は、楽しくおいしく味わおう

「いつも同じメンバー」で食べるのをやめる

⇩刺激がないと、人は見た目も劣化する

一人ランチがダメなら、ランチタイムはいつもの気の置けないメンバーで！　たまの食事会はいつもの仲間で楽しく！

たしかに、いつもの仲よしメンバーで食べる食事はおいしいですし、楽しく過ごせるでしょう。

私自身もそういう食事の場が大好きなので、気持ちはよくわかります。

でも、ダイエットを考えたら、たまには違うメンバーで食事をすることも考えましょう。

というのは、〝いつものメンバー〟とはいつもと同じ食事、いつもと同じ会話に

なってしまいがちだからです。
もしも、いつものメンバーが太るような（少なくともあなたがいま、避けたいと思っているような）食事を好む、または食べ方を考慮しないようなら、ダイエットをしているあいだだけは、メンバーたちと距離を置いたほうがいいかもしれません。

経験上、太っている人は食事中にずっと箸を持っていますし、炭水化物から食べ始めるなど、食べる順番を意識することもありません。わざわざ太るようなことをしていることが多いのです。

逆にスリムな人は、ひと口食べるごとに箸を置く習慣があったり、食べる順番やメニュー、行くお店も考えて選択したりしています。ちょっとしたことですが、これがあとあと大きな差になっていくことを、目《ま》の当たりにしてきました。

また、人は、一緒に過ごす時間が長い人に似てくる面があります。それはそうですよね。そばにいる人に影響を受けないはずがありません。ですから、**やせてきれ**

いになりたいと思うなら、同じような意識を持っている人や「この人のようになりたい」というスタイルの人と行動しましょう。

私がこれまで指導させていただいたモデルやミス・ユニバースたちも、高い意識を持つ人といるようにしています。一緒にいる人の食事のスタイル、生活習慣、言葉づかいなどから影響を受けることを自覚しているのでしょう。

いつもと同じメンバーでいるとラクですが、たまには美容意識が高い人と一緒に過ごして、刺激を受けましょう。最初は、その人たちの行動をマネするだけでもいいのです。マネも続けていれば、やがてそれがあなたの習慣になっていきます。

POINT

魅力的な人、憧れの人と行動を共にする

体を「糖化」させる食事をやめる

⇩老けやすい人は、太りやすい

「老けて見える人は、早死にする可能性が高い」という研究結果があるそうです。体のなかと外はつながっていて、老廃物が蓄積するなど、体のなかの状態が悪いと老けるのです。

つまり、見た目が老けている人は体のなかも老けているということ。**老化現象とは体のなかからの危険信号**ともいえるのです。

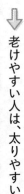

老化を少しでも遅らせるには、まず食生活を見直すことは必須。そのときに注目してほしいのが「糖化」です。

糖化とは、血液中の余分な糖とタンパク質が結びついて「ＡＧＥｓ」（終末糖化産物）という老化促進物質をつくり出すことです。ひと言でいうと「体がコゲる」のです。

糖化を例を挙げてわかりやすく説明しましょう。

パンケーキは砂糖や小麦粉（糖）と卵や牛乳（タンパク質）をミックスして焼いてつくります。表面がキツネ色に焼けた状態は、材料のタンパク質と糖が結びつき、加熱によって糖化したものです。こんがり焼けたパンケーキはおいしいものですが、この反応が体内で起こると、体はダメージを受け、老化が一気に進んでしまうのです。

血糖値が高いということは、余分な糖とタンパク質が結びついて糖化が起こりやすいということです。ですから血糖値が上がりやすい食事をしている人、つまり甘いものやご飯やパン、麺類などの糖質を多く食べている人は、老化しやすいともいえるのです。

老化を進ませるような食事は太りやすい食事です。一見、ダイエットと関係なさそうですが、老化とダイエットは大いに関係があるのです。

ダイエットに取り組めば、自然とアンチエイジングにもなります。

たとえば、22時に寝て5時に起きる（早寝早起きをする）、食事は「いまから食べるものが1年後に結果として出る」と考えて食べるものを選択する（感情で選択するのではなく）など、当たり前のことを当たり前になるまでしていく。

ダイエットに成功する人は見た目も老けないし、体のなかも若い。ダイエットはまさに一石二鳥にも三鳥にもなるのです。

POINT

ダイエットをして若返るのが正解！

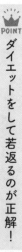

2章

そのダイエットの常識、捨ててください

……いらない努力、していませんか？

体重計に乗るのをやめる

昨日の食べすぎを「なかったこと」にする方法

ダイエットを成功させるには、体重計に乗る習慣をつけること。そう思っている人は多いのではないでしょうか。体重を毎日チェックして、その増減を確認することが大事——たしかにその通りかもしれません。

ダイエットが続くいちばんのモチベーションは、体重が減ることです。昨日より体重が減っていたら、「明日も頑張ろう！」となりますよね。でも、じつはこれがダイエットの失敗につながる理由の一つでもあります。

体重が減るとうれしくなって、極端な食事制限や激しい運動を頑張ってしまうことがあります。すると、たしかに体重は減ります。でもそれは一時的なもの。厳しい食事制限をしたあとは体が飢餓状態になっています。そこで普通に食事をとってしまうと、食べたものを急激に吸収して体重が増えてしまいます。また、激しい運動をすると食欲がわいて、食べすぎてしまうこともあるでしょう。

体重計の数値は、昨日1日に食べたものの結果ではなく、食事を含めたこれまでの行動の結果です。昨日、飲み会で飲みすぎたのに体重が減っていたり、逆に大好きなスイーツを我慢したのに体重が増えていたりするのは、そのためです。

ですから、毎日体重をはかってもあまり意味がないですし、はかるたびに、減った、増えたと一喜一憂していたら、ダイエットは続きません。

ダイエットでフォーカスすべきは、〝体重という数字〟ではなく、〝**自分の行動**〟のほうです。

そうすれば「昨日は食べすぎたから、今日の食事は少なめにしよう」などと工夫するようになり、前日の**「食べすぎをなかったこと」にできます。**

今日から思いきって、体重計に乗るのをやめましょう。
女優やモデル、ミス・ユニバース・ジャパンの指導をしてきた経験からいうと、スタイルのいい女性たちがみな、毎日厳しく体重管理をするようなストレスフルなダイエットをしているわけではありません。むしろ彼女たちは、ダイエットはしていても常に自分の行動を振り返り、食べすぎていたら翌日に調整したりするなど、体調と生活のバランスを保つことに意識を向けています。そのことを、ぜひ知ってほしいと思います。

POINT
体重計の数値より、自分の行動をチェックする

カロリー計算をやめる

⇩数字は気にしないほうがやせられる

「ダイエットをするならカロリー計算は必須」

「高カロリーのものより、低カロリーのもののほうが太らない」

何をいまさら当たり前のことを、と思われますか？

じつは、摂取するカロリーが少ないほうが太りにくいというのは、間違った思い込みです。


そもそもカロリーとは、体を動かすエネルギーの単位ですが、年齢や性別、運動量などから「1日に必要なエネルギーの目安」があります。カロリーをとりすぎると太るといわれるのは、この「1日に必要なエネルギー」を使いきれずに余らせてしまうから。余ったエネルギーが体脂肪として蓄えられるのです。

このように理屈で考えれば、摂取するカロリーを必要量以下にすればやせられる！　という話になりますが、そう単純ではありません。なぜなら、ダイエットとカロリー計算が簡単に結びつくものではないからです。


たとえば、ジャンクフードの代表格であるハンバーガー（100キロカロリー）と新鮮な野菜たっぷりのサラダ（200キロカロリー）を、毎日食べ続けて太るのはどちらでしょう。正解は、ハンバーガーです。

もう一つ質問します。

普通のコーラとダイエットコーク、ダイエット中に飲むならどちらにしますか？

私なら迷わず普通のコーラを選びます（そもそもダイエット中にコーラを飲むのはどうかと思いますが……）。

理由は単純明快で、同じコーラを飲むならおいしいほうがいいからです。

もう一つの理由は、ダイエットコークなどのカロリーゼロやカロリーレスの飲み物だと、「カロリーが少ないから大丈夫」という思考になってしまい、かえってたくさん飲んでしまうからです。

しかも、それらの飲み物には、カロリーを低く抑えるためにいろいろな添加物（アスパルテーム、アセスルファムカリウム、スクラロースなどの人工甘味料）が入っています。

もちろん、普通のコーラも飲みすぎは禁物ですよ。

本来、カロリーなんて気にしなくていいのです。大事なのは、**その食品が何から成り立っているか**、ということなのです。

POINT
カロリーが低いものを選べばやせるわけではありません

ヨーグルトをやめる

腸を整え、きれいにしたいなら……

発酵食品であるヨーグルトはダイエットにいい！　便秘や肌にいい！　と思い込んでいる人はまだまだ多いと思います。でも、じつは「その逆」というのが現在の主流の考え方になっています。

つまり、ヨーグルトの整腸作用を期待して食べても、便秘が解消するどころか逆に、お腹の調子が悪くなってしまうということがあるのです。これは牛乳も同じです。というのも、これらの乳製品には「乳糖」という成分が含まれています。牛乳を飲むとお腹がゴロゴロしたり、下痢をしたりすることがありますが、これは、この乳糖が消化されていないからです。

じつは日本人はもともと、乳糖を消化する分解酵素が少ない人種です。そのため**ヨーグルトや牛乳をとると、乳糖が長時間消化されず腸にとどまってしまいます。**

古くから酪農を行なってきた欧米人と違い、日本人は乳製品をあまりとってこなかったため、日本人の腸に合わないことが多いのです。

いまは私たち日本人も、牛乳やヨーグルト、チーズなどの乳製品を日常的に食べるようになっていますが、それは長い歴史からみれば、〝つい最近〟のこと。

乳製品を食べるとお腹が痛くなったり、ガスが出たりするような人は、とらないほうがいいでしょう。

乳糖が消化されずに腸内にとどまれば、腸に負担がかかります。

腸に負担のかかった状態が長時間続けば、腸が正常に働かなくなり、下痢や便秘を引き起こします。

ちなみに、下痢をすればやせると思っている人がいますが、下痢によって排出されるのは、ほとんどが水分で、やせたわけではありません。むしろ、下痢をしている時点で腸内環境が悪化しているため、便秘も起こしやすくなり、ダイエットにはならないのです。

「健康のために毎朝ヨーグルトを食べているのに、なんだかお腹の調子が悪い」といった矛盾《むじゅん》が起きることがあるのは、こういうわけなのです。

ダイエットに腸内環境の改善は欠かせません。ヨーグルトがいまひとつ体に合わないと感じている人は食べないほうがいいでしょう。それだけで腸の中がきれいになり、結果、肌もきれいになりますよ。

POINT
腸内環境を改善したければ、ヨーグルトはやめる

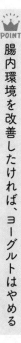

糖質制限をやめる

⇩

無理なくやせるいちばんの方法

糖質制限をすれば、必ずやせられます。

本気で体重を落としたいなら、3カ月間、徹底的に糖質制限してみてください。

個人差はありますが、人によっては3カ月で10キロの減量も夢ではないでしょう。

3カ月間、ごはんやパン、麺類などの主食を制限するだけでも効果を実感できるはずです。


ここまで効果を伝えておいて、なぜ「糖質制限をやめる」ことを提案しているのか。それは、糖質制限をしてやせたあとに問題があるからです。

糖質制限をしてやせた体は、次に糖質をとり始めた瞬間からリバウンドを開始し

ます。

それは、カラッカラに乾いたスポンジに水を含ませるようなもので、食べたものを一気に吸収してしまうのです。

「それなら引き続き糖質を食べないようにすればいいのでは？」と思うかもしれませんが、続けるのは難しいでしょう。

なぜなら糖質は、米、うどん、そば、ラーメン、パン、ピザ、パスタ、お好み焼き、たこ焼き、カレーのルー、餃子《ぎょうざ》の皮、ケーキ、クッキー、ドーナツ、パンケーキなど、私たちのまわりにある、ありとあらゆる食べ物に含まれているからです。

いまやスーパーやコンビニでも、糖質を含んでいない食品を探すほうが難しいですし、何より、糖質をとらない食生活は味気なく感じられるはずです。

とはいえ、糖質制限のやせる効果は捨てがたいですよね。

では、どうしたらいいかというと、**スポット的に糖質制限を行なう**のです。

たとえば週末だけ糖質制限をする、夜だけ糖質制限をする、あるいは外食した次の日は糖質制限をするというように。

こんなゆるい糖質制限なら続けやすいと思います。もちろん体重が減るペースは落ちますが、少なくともいまより体重が増えることはありません。

うまくメリハリをつけて、糖質が入っている食品も食べながら無理なくダイエットしていきましょう。

POINT

糖質は〝制限〟せず、〝上手につき合う〟

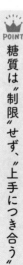

ファスティングをやめる

一生やせにくい体になる前に！

このところ、「ファスティング」が美容・健康意識の高い人のあいだで注目を浴びています。ファスティングとは一定期間、食事をしないで過ごすことですが、修行のような「断食《だんじき》」と違って、おしゃれなイメージもあり、女性や若い人たちに一気に広まりました。

断食のプログラムでは水しか飲みませんが、ファスティングでは一定期間ファスティングドリンク（多くは酵素ドリンク）を飲んで過ごします。

ファスティングを始める前の準備期は徐々に食事量を減らして体を慣らす期間。ファスティング中は基本的にファスティングドリンクだけで過ごし、回復期にはお粥《かゆ》やサラダなどを食べます。

要するに、通常の食事をファスティングドリンクに置き換えるわけですから、当然やせられます。

でも、ずっとファスティングを継続するわけにはいきませんよね。

そもそも、ファスティングはやせることを目的にするわけではありません。消化器官を休ませ、腸内をきれいにするために行なうものです。

現代人は暴飲暴食することが多かったり、食事の時間が夜遅くなったりしがちです。そのような食生活が続いてしまうと内臓が休む時間がありません。また、消化にばかりエネルギーをとられてしまうと、体内の細胞の修復などにエネルギーがまわされず、病気の引き金になったり、老化につながったりします。

そこで**一定期間、食べ物をとらずに消化器官を休ませる**ことが重要になってくるのです。消化器官を休ませるという目的であれば、ファスティングは効果的です。どうぞ行なってください。

くり返しますが、ファスティングはやせるためのプログラムではありませんから、ダイエット目的で行なうのはやめたほうがいいでしょう。

ファスティングをすれば、結果としてやせますが、結局リバウンドします。しかも怖いのが、**何度もリバウンドすると体が慣れてしまい、本当にやせにくい体になってしまう**こと。

最初からリバウンドするとわかっている方法にあえて時間と労力とお金をかけるのは、もったいないと思いませんか？

POINT **ファスティングはやせるためではなく、体を休ませるためのもの！**

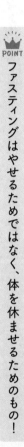

サプリメントをやめる

ダイエットのためのサプリについて

美容と健康のために、そしてダイエットのためにサプリメントを飲んでいる人はたくさんいます。

でもサプリメントは種類が多すぎて、何をとればいいのかわからないほど。もちろん、私にもわからない、知らないサプリメントは多数存在します。ただ、サプリメントについて一つだけいえることがあります。

それは、**ダイエットにサプリメントは必要ない**ということ。

ビタミン剤などが「医薬品」であるのに対し、サプリメントは「健康食品」に分類されます。「医薬品」は効能・効果をうたうことができ、用法・用量を守って服用する必要があるものです。

一方のサプリメントは「食品」なので、それによって「○○が治った」「脂肪が落ちる」などと明言できませんし、効果があるかどうかは人にもよります。

また、「医薬品」と違って「食品」は、すべての含有成分を表示しなければならない義務はありません。

最近では特定保健用食品（トクホ）や機能性表示食品のサプリメントもあり、「脂肪の吸収を抑える」などの表記ができるようにもなりました。ただ、それをとりさえすればその効果があるというものではなく、また、たくさんとったからといって、必ず効果があるというわけではありません。

これまで私が数多くの方を指導してきた経験からいうと、健康な人やスリムな人はあまりサプリメントを飲んでいません。むしろ、不健康な人や太っている人のほうがサプリメントを常用している印象があります。

食事内容の改善など、健康的にやせる生活習慣をつけるといったことよりも、サプリメントで健康になれたり、きれいになれたりすればいいと思っているかもしれませんが、サプリメントはあなたを素敵に変身させてくれる〝魔法の種《たね》〟ではありません。

サプリメントは、あくまで補助的に利用するもので、まず日々の食生活や生活習慣がベースにあってはじめて効果的に働くものなのではないでしょうか。

POINT

サプリメントを飲む前に、食生活や生活習慣を見直そう

プロテインをやめる

⇩ タンパク質は「いつもの食事」で十分足りる

「筋肉をつけるためにタンパク質を積極的にとることが大事！」

「糖質を減らす分、タンパク質は好きなだけとっていい」

糖質制限ダイエットが流行した影響で、タンパク質はにわかに注目されるようになり、ダイエットの味方のような存在になりました。

とくにスポーツジムなどに通って筋トレを頑張っている人のなかには、毎日のようにプロテインを飲んでタンパク質の摂取に励む人も多いようです。

たしかにタンパク質をとることは筋肉量を増やすことにつながります。筋トレをしたあと、30分以内にプロテインを摂取すると、筋トレで傷《いた》んだ筋肉が回復して筋肉が大きくなるともいわれています。

タンパク質は肉や魚、納豆、卵、豆腐などの食品から摂取できる栄養素です。プロテインは、手軽に大量のタンパク質がとれるよう加工されたものですが、それらの食品の代わりになるかというと、そんなことはあり得ないのです。

また、プロテインのパッケージにある原材料名を見てみると、飲みやすくするために多くの添加物や人工甘味料が加えられています。ですから、プロテインをとればそれらを毎日のようにとることになり、体に害がないとはいい切れません。

また、必要な栄養素もとりすぎれば体に影響します。余計にとったタンパク質は、体内で分解されて窒素《ちっそ》となり、その後アンモニアに変わります。アンモニアは人体に有害なため、肝臓で尿素に合成され、腎臓に運ばれ、尿として排出されます。

つまり、タンパク質の過剰摂取は、腎臓や肝臓に負担をかけてしまうのです。プロテインを継続して飲み続ければ、その悪影響は避けられないでしょう。

タンパク質をとるなら、人工的につくられたものからではなく、肉や魚、納豆、卵、豆腐などの食品からとりましょう。

1日タンパク質の推奨量は、18歳以上で男性が65グラム、女性が50グラムです。統計によると、男女ともにどの年代も摂取量は足りています。

ですから、わざわざタンパク質をとる目的でプロテインを飲む必要はありません。タンパク質は普通の食事をしているだけで、十分足りているのです。

POINT タンパク質は食事からとるもの。プロテイン信者を卒業しよう!

減量をやめる

キツイ、ツライ、苦しい方法は効果なし！

ダイエットと減量はまったく意味が違います。

「ダイエット」の語源は、ギリシャ語で「心も体も健康になる」という意味です。

しかし日本では、ダイエットは「体重や体脂肪を減らす」という意味で定着しています。そのため、「ダイエット＝極端な食事制限や激しい運動を伴うもの」であり、それがキツイ、ツライ、苦しい、などといったネガティブなイメージにつながっています。

本来、**「心も体も健康になる」のがダイエットであるなら、それはポジティブなものであるはず**です。

それに対して減量は文字通り、体重を落とすこと。たとえばボクシング選手は、階級によって体重制限があり、試合当日の計量でその体重をオーバーしていれば試合をすることができません。

このように、減量というのは厳しい計量というルールがあるアスリートが行なうものであって、一般の人が行なうものではありません。しかも、専門家の指導のもとに行なわないと、血糖値が低下したり貧血になったりする恐れもあり、危険です。

やせて理想の体重にはなっても体はフラフラ、肌はくすんでボロボロ、便秘になったり、イライラしやすくなったり……そんな不健康な状態で美しいといえるでしょうか。たとえやせても、まわりから「あの人、最近老けたよね」といわれるのがオチかもしれません。

前にも説明したように、極端な食事制限をした飢餓状態の体で食事をとると必ず体重は増えます。だから減量では、目標を達成したその日が過ぎれば、１００％リバウンドするのです。

もう一度いいます。ダイエットとは「心も体も健康になる」ためのもの。生きているあいだずっと、楽しみながらやっていくものなのです。

それには、「やせるにはどうしたらいいだろう?」ではなく、**「健康になるためにはどうしたらいいだろう?」という考え方に変える**必要があります。

そうすれば、必然的に選ぶ食べ物も変わります。

たとえば私はチーズケーキが大好きですが、コンビニのチーズケーキではなく、ケーキ屋さんでチーズケーキを選びます。

ケーキ屋さんのチーズケーキは、多くの場合、材料はクリームチーズ、砂糖、卵、薄力粉、生クリームといったシンプルなものです。

一方、コンビニのチーズケーキは、それらに増粘剤や香料、着色料などの添加物が入っています。

ケーキを1個食べたくらいですぐに太ることはありません。健康を害することもないでしょう。でも、せっかく大好きなケーキを食べるなら、どちらを選びますか？ ということです。

心も体も健康になる「ダイエット」のために、食べ物も賢く選択していきましょう。

POINT

「減量」ではなく「ダイエット」すれば、いらない体重が減る

体型を隠すのをやめる

ありのままの自分を見せたら体は引き締まる!

ぽっこりお腹を隠したいから、体のラインが出ないチュニックを着る、たるんだ二の腕を隠したいからボリューム袖《そで》のブラウスを着る――気になる部分があると、どうしてもそこをカバーする服を選んでしまいがちです。

でも、そうして体型を隠してしまうと、気持ちもゆるんで体もゆるむ……ということにもなりかねません。

体型を隠すデメリットはそれだけではありません。

「隠す」ことによって、どんどん自分に自信を失っていく危険があるのです。

体型を隠すということは、隠しごとをしているということ。隠しごとをすれば、どうしてもうしろめたい気持ちになります。自分を偽《いつわ》っているとまではいいませんが、体型を隠す服ばかり着ていると、「本当の私には価値がない」と、だんだん自己嫌悪に陥っていくのです。

そうなると悪いことをしているわけでもないのにうつむきがちに歩いたり、姿勢が悪くなったりして、ますます魅力的な自分から遠ざかってしまいます。

「気になる部分があるなら、それを隠さず思いきって見せる服装にしたほうがいい」というアドバイスを聞いたことはありませんか。

じつは**気になる部分をあえて見せることで、「見られても恥ずかしくないようにしたい」という意識が高まり、体が引き締まる効果がある**のです。

たとえば、ぽっこりお腹を隠さずに、あえてジャストサイズのシャツをパンツインする。人から見られると思うと、お腹に力を入れてへこませて歩くようになり、腹筋が刺激されて本当にお腹がへこんでくるのです。

自信がなさそうに体型を隠すような服を着るのではなく、堂々といまの自分の体にジャストサイズの服を着ましょう。もしもそれで「恥ずかしい」と思うなら、ダイエットにも本気になれるでしょう。

ありのままの自分を隠さないあなたも、なりたい自分に向かって本気でダイエットするあなたも、きっとイキイキとして美しいはずですよ。

POINT
自分の着たい服を堂々と着るあなたが美しい

流行のダイエットをやめる

話題の方法より、たった3分のストレッチが効く理由

流行ものや、いま話題になっていることをなんでも試してみたい――そんな好奇心やチャレンジ精神は、若々しさをキープするために必要です。私自身も、ファッションや音楽など、流行ものは常に意識しています。

ですが、ダイエットに関しては流行に左右されてはいけません。

テレビや雑誌などのメディアでとり上げられてブームになった「○○ダイエット」や、女優やモデルがやって効果があったと人気になった「△△ダイエット」、試してみたけど結局続かなかった……そんな経験はみなさんにもあるのではないでしょうか。

たしかに行動に移すのはいいことです。実際にやってみないと効果があるかどうかもわかりませんからね。

でもここで、知っているようで知らないダイエットの常識をお伝えしましょう。それは、**ダイエットが成功しない根本原因は「やせられない」ことではなく、「続かない」ところにある、**ということです。

世の中にはいろいろなダイエット法があふれています。どのような方法でも3カ月頑張ってやれば、ある程度はやせられるでしょう。でも、続かなければ意味がありません。

続かないことに何度もトライするほど人生は長くありません。

本当に効果がある方法は、じつはとても地味なものです。自分がこれまで無理なくできていることをやり続けることが、ダイエットでは重要です。

たとえば週3回ジムに通うのは難しくても、毎朝3分のストレッチならできるのではないでしょうか。「たった3分のストレッチでやせられるの?」と思うかもしれません。でも、その〝たった3分〟を毎日続けられる人と、続けることができない人の差は、時間がたつにつれて大きくなるでしょう。

たった3分間のストレッチも、3カ月続けることができれば自信が生まれます。そこから次の段階にステップアップできるのです。

こうしてスモールステップを上がり続けていたら、いつの間にか大きな目標を達成していた! というのも夢ではありません。

POINT
〝やせる〟ダイエットより、〝続けられる〟ダイエットを!

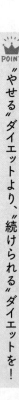

3章

やせたいなら気にしない、こだわらない

……ダイエットはメンタルが9割

結果だけで考えるのをやめる

ダイエット版「原因と結果の法則」

「ダイエットはメンタルが9割」といってもいいくらい、ダイエットに対する考え方やとらえ方の影響は大きいものです。

ダイエットがうまくいかない人の多くは、これまでの自分を変えずに「いま現在の自分」を変えたいと思っているようです。なかには時間もお金をもかけずにラクにやせたいという人もいます。その気持ちもわからないではありませんが、よく考えてみてください。

いまの体型、体重になるまで（もっとはっきりいうと太ってしまうまで）には、時間がかかっていることと思います。

つまり、昨日今日で太ったわけではなく、何カ月も何年もかけて蓄積されたものが余分な体重となっているのです。食べた分、お金もかかっていますよね。

その状態からダイエットを成功させるには、やはりある程度の時間とお金は必要です。

極端な例ですが、1万円のダイエット方法と、100万円のダイエット方法では、チャレンジするときの本気度が違ってきますよね。

100万円のダイエット法は、「損をしたくない」「絶対に元を取る」という気持ちが高まるため、強い決意で実行することと思います。

このようにダイエットには本気度も重要ですが、それだけでは続きません。それよりも大事なのが、何にフォーカスしてダイエットに取り組むかということです。

前の章で、ダイエットでフォーカスすべきは〝自分の行動〟とお伝えしました。

つまり「なぜ太ったのか?」という原因を知り、そこを変えなければ、ダイエットをしてもまた以前の太った自分に逆戻りです。

仮に、国が認可した「やせ薬」が発売されたとしましょう。それを飲んだら1カ月で10キロやせる！　といわれ、その通りにやせたとしても、それ以前になぜ自分が太ったのかということがわかっていなければ必ずリバウンドします。

太った原因を明らかにすることなく、太ったからダイエット開始！　ではやせられないのです。

POINT

やせる前からダイエットは始まっている

SNSを見るのをやめる

やせるには、1日30秒あればいい

インターネットやスマホの普及によって、情報が簡単に手に入る時代になりました。SNSによって個人の情報発信がしやすくなると同時に、必要以上に自分以外の人たちの様子もわかるようになりました。

そのため、自分が持っていないものを持っている人がうらやましくなったり、ほかの人がイキイキと楽しそうに生活しているように見えたり……。比べたくなくても、つい人と自分を比べてしまうことになりがちです。

そうやって情報を追いかけているうちに、自分に自信を失ってしまう人もいます。

そのような人にとっては他人の長所は自分の短所になってしまうのです。

自分の心のなかに意識のベクトルがあると想像してみてください。
あなたのベクトルは、どこに向いているでしょうか。

ベクトルが自分に向いていると、他人に振り回されることなく自分のことだけに集中できます。

ダイエットをしていても、「昨日は飲み会で食べすぎてしまったから、今日は調整しよう」などと、すぐに調整することもできます。

一方、ベクトルが他人やほかのことに向いていると、自分を見失って自己肯定感が低下していきます。自分を直視するのを避け、食べすぎた自分にも気づかず、気づいていても見て見ぬふりをしたりします。

掃除が嫌いな人はピンとくるかもしれませんが、部屋の汚れに気づいても、つい見て見ぬふりをしてしまうことがありますよね。気づいたときにすぐに掃除をすれば汚れは簡単に落ちるのに、見なかったことにしてあとまわしにする。

時間がたってから汚れを落とそうとすると、そのときはすでにこびりついていたりして汚れはなかなか落ちません。落とすために洗剤やタワシを使ってゴシゴシこすったりしなければならなくなり、何倍もの時間と労力がかかってしまいます。

ダイエットも同じです。

鏡を見て、「あれ、ちょっと太ったかな?」「スカートがきつくなったかな?」などと少しの変化に気づいたときに、すぐにダイエットを始めればやせるのも難しくありません。

でもダイエットに失敗する人や、なかなかやせられない人は、たとえ「少し太ったかな?」と気づいたとしても調整するのをつい先送りしてしまうのです。

では、自分にベクトルを向けるにはどうすればいいのでしょうか。

SNSを見るのは必要最低限にして、毎日30秒、自分と向き合いましょう。

たとえば「今日の私はどんな状態? 体調はどう? メンタルは? ストレスは

たまっていない？　やろうと思っていることを先送りしていない？」というふうに、自分に問いかけてみるのです。

たったそれだけ？　と思われるかもしれませんが、そんな些細《ささい》なことのなかに自分を好きになるヒントがあったりします。まずは3カ月間、やってみてください。得たい成果を必ず手にできますよ。

POINT

毎日30秒だけ自分と向き合おう！

イライラするのをやめる

⇩深呼吸で気持ちも食欲もクールダウン

イライラしていると太ります。

イライラしてストレスがたまると、食べ物に手が伸びたりしますよね。そうして、何かを食べているあいだだけはストレスを忘れ、「幸せ～♡」という気持ちになります。

でも、それは幻想で、**そのいっときだけ、ストレスから解放されたように錯覚しているだけ**です。

誰にでもイライラするときはありますが、その多くは、「まわりが自分の思い通りにならないとき」ではないでしょうか。

たとえば、目の前に仕事が山積みで忙しいのに、さらに仕事を頼まれたり、子どもがいうことを聞いてくれなかったり、急いでいるのに電車が遅れたり……。「自分の思い通りにならない↓イライラする↓ストレスがたまる↓ストレス発散のために暴飲暴食をする」という負のスパイラルに陥ってしまうのです。

イライラしていると感じたときは、まず深呼吸。とにかくひと息つきましょう。そして「私はいま、自分の思い通りにしようとしているな」と、自分に意識を向ける習慣を身につけましょう。

最初は難しいかもしれませんが、**まずは「私はいま、イライラしている」と〝気づく〟ことが大切です。**

急いでいるときに限って赤信号に引っかかることがあります。そんなときは、「いま、自分は慌《あわ》てているから、事故に遭《あ》わないように赤信号で止めてくれているんだな」でもいいし、人間関係でイライラするときは、「相手を支配しようとしているな」でもいい。このように、自分で自分の気持ちを実況中継してみるのもおもしろいものです。

自分の気持ちに気づき、客観的に見ることができるようになると、イライラすることはあっても、気持ちを早く切り替えられるようになります。また、ものごとを俯瞰《ふかん》で見ることができるようになるので心に余裕が生まれ、ちょっとしたことではイライラしなくなります。

イライラすることをやめる効果は、あなたの想像以上ですよ。

POINT
ダイエットに成功するのは、気持ちの切り替えがうまい人

不平不満をいうのをやめる

心と体をすがすがしく保つコツ

不平不満が多い人は、絶対にやせられません。

これは、断言できます。

不満をいいだすときりがありません。「給料が安い」「物価が高い」「休む暇《ひま》がない」に始まって、「夫が家事をしない」「子どもが勉強しない」といった身近な人への不満、さらには「体調が悪い」「シミやシワが増えた」「疲れてやる気が出ない」といった自分自身への不満まで出てきます。

不平不満をいうことで、ものごとがいい方向に変わるならいいのですが、何も変わりませんよね。それはわかっていても、つい口に出てしまう不満。でも考えてみてください。その不満をいちばん近くで聞いているのは自分ですよね。つまり、不平不満をいうことで気分が悪くなって損をするのは自分自身なのです。

なんでもかんでも他人や環境など、何かのせいにすれば、そのときは鬱憤《うっぷん》を晴らせるかもしれませんが、それは一瞬のことです。

まずは1週間、気に入らないことがあったとしても、意識して不平不満や愚痴《ぐち》をいうのをやめてみましょう。

不平不満のいちばんの不幸は、自《みずか》らの成長のチャンスを逃《のが》してしまうこと。不平不満が出るのは、何か気に入らないことがあったとき、誰かのせいや何かのせいにしてしまうから。ここで書いたように、不平不満をいって自分の気分を悪くしているのは自分です。

では、嫌なことがあっても意識して前向きに考えるようにしたり、気持ちを切り替えたりして、機嫌よくいることで得するのは誰でしょう？　そう、それも自分です。自分の機嫌に責任を持つようにしましょう。

ダイエットがうまくいかなくても、自分の責任。誰かのせいではありません。

ちなみに、太るのは遺伝のせいでもありません。たとえば明治・大正時代の自分のご先祖様が太っていたでしょうか？　証明することはできないかもしれませんが、いまとは食生活も違い、栄養失調になることもあったような時代に、太っていたとは考えにくいでしょう。

親が太っているから自分も太ってしまったというのなら、それは遺伝ではなく、太るような食習慣を受け継いでいるのでしょう。

でも、その太るような食習慣でさえも親のせいではありません。食習慣は大人になれば自分の意志で変えられます。つまり、自分の気持ち一つでいくらでも美しく健康的になれるのです。

「なにごとも自分の責任だ」と思うようにするだけで、心だけでなく体まで、すがすがしいほど気持ちよくなりますよ。

POINT

自分の機嫌に責任を持てば、気持ちよくダイエットできる

太る習慣をやめる

驚くほど簡単に、しかも自然にやせていく

「ダイエットを成功させるのに大切なのは継続できること」などといわれると、ダイエットには強い意志が必要と思うことでしょう。

強い意志さえあればやせられる――じつは私自身もそう思っていました。

私がかつて15キロ太ってダイエットを始めたとき、最初にやったのは、毎日、仕事が終わってから4キロ走ること。

なぜ4キロだったかというと、それが太っている私が頑張って走れる最長の距離だったからです。とにかく毎日、気合いと根性で走りました。うれしいことに、すぐに体重はスルスルッと2キロ落ちました。

当時、公務員だったのでダイエットの知識もなく、頑張って毎日走ればやせられ

ると本気で思っていました。
ところが15キロも増えた体で走ったため、腰や膝、足首などの関節に負担がかかっていました。

ある日、走っていたら足に激痛が走り、病院に行くとひどい捻挫《ねんざ》と診断されました。走れないなら食事で頑張るしかない！　と、今度は糖質制限を徹底的にやると、なんと3カ月で10キロ減！　しかし、喜んだのもつかの間、それ以上は続かず、すぐにリバウンドしてしまいました。

じつは、**意志が強ければダイエットに成功するわけではありません**。なぜなら、意志の強さだけでは、ダイエットは続かないからです。

モチベーションが上がらないのに気合いと根性でやっても効率が悪く、ケガをしたり、体調を崩したりする可能性があります。私の経験からも、意志の強さだけでは、ある程度はうまくいっても続けられず、結局リバウンドします。

では、どうしたらいいのでしょうか。こんなに意志が弱い私でも長年続けられていることがあります。

それは「歯磨き」と「朝起きたら顔を洗う」こと。

みなさんも歯磨きと洗顔はしますよね？　なぜこれが続いているのかというと、歯磨きも洗顔も習慣になっているからです。

習慣に意志の強さは関係ありません。ある意味、自動的に体が動いてしまうものだと思います。だから続けられるのです。

ならば、**ダイエットも習慣を変えればいいだけ**。健康で若々しく、スリムでいられる習慣を身につけよう！　という発想に至りました。

私自身はまさに、運動不足や年齢のせいで太ったわけではありませんでした。ただ「太るような習慣」をやっていたのです。ですからその習慣をやめ、スリムでいられる習慣を身につけたのです。

たとえば、朝食は食べてもフルーツだけにする、食事をするときは食べる順番に気をつけ、サラダファーストにする。しっかり噛んでゆっくり食べる。ひと口食べたら箸を置く。早寝早起きをする。

早寝早起きも最初はつらかったのですが、いまでは21時ごろに寝て、5時前には起きるのが、歯磨きするのと同じくらい当たり前になりました。

よい習慣を身につけるポイントはただ一つ。**習慣になるまでやり続けること！**

習慣になるまでに何度失敗してもいいし、サボる日があってもいい。三日坊主でもいい。そこからまたやり直せばＯＫ！

もちろん、気合いや根性は不要ですよ。そうして続けるうちに、必ずいい習慣が身についていきます。

POINT

意志を強く持つより、習慣を変えよう！

「べき」思考をやめる

もっと気楽にものごとを考える練習をする

仕事でストレスを感じたから、ついお菓子に手が伸びた、お酒を飲みすぎた、夕食を食べすぎてしまった……これが何日も続けば、当然太ります。

いわゆるストレス太りです。

あなたはストレスを感じるようなとき、どうやって対処していますか？ おいしいものを食べに行きますか？ それともカラオケで思いきり歌ったり、運動で汗を流したりしますか？

もちろんこうしたことでもストレスを発散できますが、あくまで一時的なもの。ストレスの元が解消されない限り、同じことのくり返しになってしまいます。これでは負のスパイラルですよね。

人間関係でストレスがたまって暴飲暴食したとします。すると、そのときは一時的に気持ちが収まるでしょう。

食事をすると脳の満腹中枢が刺激されます。満腹だと感じると、自律神経が活性化し、アドレナリンというホルモンが分泌されます。アドレナリンが分泌されると、血糖値が上昇し、空腹感が抑えられ、脳も小休止するのでストレスを感じにくくなります。

でも、その状態はほんのいっときしか続かないため、結局はまたストレス復活！となります。それなのに、暴飲暴食による快感が忘れられず、麻薬のように同じことをくり返してしまうのです。

じつは、ストレス自体は悪いものではありません。ストレスとは、心身が新しい環境や未経験のできごとに適応しようとする結果、生まれる「緊張状態」のこと。だから、対応の仕方次第で成長につながることもあります。

どうせならそのストレスをプラスに利用しましょう。

ストレスの多くには、「自分の考え方のクセ」も大きく影響しています。そこに気づき、ストレスの背後にある嫌《いや》な感情に飲み込まれないようにすることも重要です。

たとえば「○○するべきだ」とか「いつも○○だ」「○○しなければならない」などと、決めつけないこと。

少しずつでいいので、**もっと気楽にものごとをとらえる練習をしましょう。**ここでも気持ちの実況中継は効果的です。

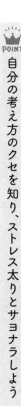

ちょっとしたストレスを感じたとき「いま、こんな考え方をしていたな」「いつものクセで〝○○するべき〟が出ちゃったな」などと考えることができれば、大きなストレスを感じたときも、自分で対処できるようになるでしょう。

POINT
自分の考え方のクセを知り、ストレス太りとサヨナラしよう

人に合わせるのをやめる

自分が心から「やりたいこと」に忠実に

ダイエット中なのに、会社の飲み会に誘われてしまった。断れずに仕方なく参加したら食べすぎて、やっぱり翌日、体重が増えていた……。

よし、今日からまた頑張ろう！　と思っていたら、ごぶさたしていた友人から久しぶりに連絡が。急遽《きゅうきょ》、今夜も外食することに。

でもつき合いは大切だし、仕方ないよね。

……本当にそうでしょうか。

外食続きだから太る、ということをいいたいわけではありません。

人に合わせていたらダイエットはできないといいたいのです。つまり、人に合わせてばかりいると太るということ。

「自分軸」という言葉を聞いたことがありますか？　自分軸とは、誰が何といおうとブレない自分自身の基準のようなものです。

ブレない自分、というとストイックに聞こえるかもしれませんが、「私はこう思う」「私はこうしたい」と心に決めたら、それを大切にするということで、ストイックというのとは違います。

ダイエットだけでなく、何か自分で「こうしたい」と思うことがあるなら、それに従って行動することが大事です。人に合わせてばかりいると疲れてしまいますし、何よりそんな自分のことは好きでいられなくなってしまいます。

しかし、どんなときもブレない人なんていません。ブレてもすぐに修正する人とブレたまま修正できない人がいるだけのこと。

極端な話、まわりの声なんて関係ないのです。もちろん「わがまま」や「自己中」になれ、といっているわけではありませんよ。

ダイエットに限りませんが、いまの時代、まわりの目を気にして人に合わせてばかりいたら、思うように生きられません。

自分はこうしたいと思うところがあるなら、そうするにはどうすればいいかと考え、行動することが大事です。

本当にやりたいことに時間をかけて、自分らしく生きましょう。

POINT

他人の顔色よりも自分の気持ちに目を向けよう

過去の自分と比べるのをやめる

⇩「未来の自分だったらどうする？」と考える

「これまで何度もダイエットに失敗してきたけど、最近の私は頑張ってる！」

「いままでだったら挫折していたけど、今回こそは大丈夫」

じつはこんなふうに考えるのは、ダイエットに失敗する人の特徴です。

これまで私が見てきたダイエットに失敗する人、リバウンドする人はみな、このような人たちだったのです。


何が問題なのかというと、「過去の自分」と比べていること。

人と比べるのではなく、過去の自分と比べることは、一般的には「いいこと」とされていますよね。でも、ダイエットに限っては違います。

たしかにこれまでの自分と比べて頑張っている、いつもなら挫折するところを乗り越えて、このままいけばダイエットに成功できそう!

そういう手ごたえがあるのはいいことです。

でも、過去に失敗したときの自分より、いまの自分が成長しているのは当たり前のことですよね。過去の自分と比較しているうちは、現状に満足してしまい、その枠から出られないのです。


比べるなら「未来の自分」です。**ダイエットに成功して、やりたいことをやっている、美しくて健康的な未来の自分**と比較してほしいのです。


たとえば、これまでの自分だったらラーメンはスープまで全部飲んでいたけど、いまの自分はスープを残すようにしている、と思うのは過去の自分との比較です。

そうではなくて、未来の自分だったらどうするか、と考えるのです。

ダイエットに成功している自分は、ラーメンを食べたとしても年に1回くらいかもしれないし、もう食べなくなっているかもしれない。その姿をイメージできたら、「ダイエットに成功するまではラーメンは食べないでおこう」と、自然に控えるようになるのです。

ダイエットに失敗する人が、これまではこうだったから今度はこうしよう、という〝現在の視点〟で行動を決めるのに対して、**ダイエットに成功する人は、未来の自分はこうだからいまはこうしよう、と〝未来の視点〟から行動を決めます。**

ダイエットに成功するためには過去や現在を見るのではなく、未来の視点から考えることが大切なのです。

POINT
未来の自分の視点で、いまの行動を決める

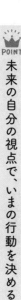

完璧主義をやめる

きれいになりたいなら、ほめてほめて、ほめまくる

ダイエットに失敗する人は完璧主義者が多いという事実を知っていますか？ 完璧主義なのになぜ失敗するの？ と思われるかもしれませんね。

完璧主義の人は、0か100かで判断する傾向があり、体重が減ったらOK、減らなかったらNG、とジャッジしがちです。

また、減点思考の面もあり、たとえば「ダイエットを頑張っているのに、昨日の夜、食べすぎてしまった」「食事制限しているのに、体重が昨日より500グラム増えてしまった」など、できなかったこと、ダメなところに注目してしまうのです。

これではモチベーションは下がる一方です。

それだけではありません。完璧主義が高じると、張りつめていた糸がプツンと切れて急にやる気がなくなったり、「もういいや」と投げやりになってしまったりすることもよくあります。

たとえば平日はダイエットを一生懸命頑張っているのに、土日に暴飲暴食してしまい、日頃の頑張りを台無しにしてしまう。あるいは、せっかく体重が少しずつ減って効果が出てきているのに、そこには目を向けられず、増えてしまったときばかりに目がいって自分を責めてしまう。

悪いところばかりではないはずなのに、とてももったいないです。

では、どうしたらいいかというと、やることは簡単。

小さなことでかまわないので、**できるようになったこと、よくなったところに目を向ける**のです。とにかく、ほめてほめて、ほめまくるのです。

自分が努力している部分を認めることが大事なのは、ダイエットに限ったことではありません。

どんな小さなことでもほめてみると、少しずつですが「自分はできている」という実感が増し、自己肯定感が上がります。

すると、モチベーションも上がり、挫折することなく続けることができるのです。

何度もいうように、ダイエットを成功させるには、継続できることが大切なのです。

自分で自分のコーチになったつもりで、「いいよ、よくやってるよ！」とほめてあげてくださいね。

POINT
できている自分をほめてあげよう！

人と比べるのをやめる

⇩やせて「なりたい自分」になる近道

誰にでも何かしらコンプレックスはあるものです。

でも、私にはコンプレックスがありません。こういうと、「なぜそんなに自信満々なの？」と思われてしまいそうですが、本当にないのです。

もちろん、「もっとこうなりたい」という思いはたくさんありますよ。「もっと背が高いほうがいいな」「数字に強くなりたいな」「太りにくい体だったらラクだろうな」などなど。

でも、それらをコンプレックスだとは思っていないのです。

コンプレックスを感じるのは、自分を誰かと比べたときだと思います。

でも、もしみんなが同じになってしまったら、個性がなくなるどころか、まるでロボットのようになってしまいますよね。

ちなみに私の目は一重《ひとえ》ですが、それを二重《ふたえ》にしようと思ったことはありません。

この一重の目が私自身の個性だからです。

目が二重じゃないと仕事ができない、お金持ちになれない、幸せになれない、というのであれば二重にすることも考えますが、そんなことはないですよね

ここ何年かで日本でも整形手術に抵抗がない人が増えてきましたが、一重の人が二重にしたら、長年見てきた自分の顔のバランスが変わるので、今度は鼻を高くしたくなります。

そして今度は顎《あご》、頬骨《ほおぼね》。顔が完成したら今度は体に不満を持って手を入れたくなります。何がいいたいかというと、整形手術が悪いという話ではなく、**誰かと比べてコンプレックスを抱くときりがなくなる**ということなのです。


ダイエットでも、モデルのような体型に憧れる人がいます。

でも、モデルは細身でいることが仕事です。一般の人がモデル体型になると体力が低下しますし、体脂肪も低くなりすぎ、冷え性にもなりやすくなります。

一般の人がモデル体型になってあまりいいことはありません。


日本では昔から「みんなと同じであれば安心」という考え方をする人は多いようです。ですから、つい人と比べてしまいますし、人と違うことをすることや個性的なものを避ける傾向があります。

こうした考え方もコンプレックスを持ってしまう一因になっているのかもしれませんが、時代は変わってきています。**憧れの誰かになるのではなく、なりたい自分になることが大切**です。

あなたにはあなたにしか表わせない美しさが、必ずあります。

POINT
個性を生かして「なりたい自分」になろう！

ストイックになるのはやめる

劇的な効果を求めると、ダイエットは続かない

「毎日ジムに通っています」

「油ものや砂糖類、炭水化物は一切食べません！」

そういう人に対して「ストイックですね～」と感心する人がいます。

ですが、ダイエットに関しては、ストイックになるのはやめたほうがいいです。

なぜかというと、ストイックなダイエットは続けるのがかなり難しいものだからです。

本書でくり返しお伝えしているように、ダイエットを成功させるのに大切なのは

継続できること。無理なく続けるには、〝ゆるめストイック〟くらいがベストです。

たとえばラーメンは食べるけど、スープまでは飲まない。

ケーキは食べるけど、コンビニでは買わない。

ジムには通わないけど、自宅でストレッチは必ず行なう。

こんなふうに、**自分が無理なくできる範囲のことをストイックに続ける**のです。

ある意味、マイルールみたいなものですね。これなら続けられるのではないでしょうか。

本当に努力している人は自分のために行なっていて、誰かにほめられるためにやっているわけではありません。もちろん、無理なくやっていて、結果としてストイックになっていたということであれば、いいでしょう。

私の話で恐縮ですが、よく「スタイルがいいですね。筋トレか何かで鍛えていらっしゃるんですか？」と聞かれることがあります。

筋トレはつらいので、まったくしていないのですが、毎朝起きてすぐ、10分間のストレッチを、20年近く続けています。

以前は、夜、お風呂上がりや寝る前にもやっていましたが、お酒を飲んで帰ってきたときはできません。ですから、夜にもストレッチを課すと続かない原因になってしまいます。そこで、ストレッチをするのは〝朝起きてすぐ〟だけにしよう！と変更しました。

こんなことさえストイックだといわれることもありますが、私にとっては朝起きて顔を洗うくらいの感覚です。

これが「毎朝○キロ走る」とか、「毎日筋トレをする」となると大変です。でも、ゆるっとストレッチならできます。それが私にとってのベストなのです。

POINT

ゆるっとしたマイルールをストイックに

悩むのをやめる

自分の頑張りを無駄にしないために

「なかなか体重が減らない」と悩む。

「ダイエットの効果が全然現われてこない」と落ち込む。

たしかに頑張っているのに結果が出なければ、悩んでしまうでしょう。

ダイエットに限らず、子どものことや仕事のこと、お金のことなど、悩みごとは誰にもあるもの。

でも、悩むこと自体は、悪いことではありません。

なぜなら、悩むのは、一生懸命何かに取り組んでいる証拠だからです。適当にやっている人、努力していない人は悩みません。

努力して、頑張っているのにうまくいかないから悩むのです。

とはいえ、ただ悩んでばかりいる時間は**現状維持か、やや後退気味の時間**です。誤解を恐れずにいうなら、暇だから悩むのです。時間があると、だんだん不安がつのり、悩みが出てくるものです。

また、悩みが深くなってしまうのは、自分一人で解決しようとしているからではないでしょうか。そのようなときは悩みを誰かに打ち明け、相談してみてはどうでしょう。

するとその時点で、「悩む」から「考える」という段階にレベルアップします。そうなれば一歩前進！　自分では解決できないことでも、その人なら解決できるかもしれませんし、その人の知り合いが解決方法を知っているかもしれません。

ダイエットも同じです。体重がなかなか減らずに悩んでいるのなら、誰かに相談してみましょう。

すると、その人や、その人のまわりでダイエットに成功した人から何かアドバイスがもらえるかもしれません。

いまは情報だけでなく悩みさえも、シェアできる時代です。いい意味で、まわりの人を巻き込んでしまいましょう。

すると、あっけないほど簡単に解決策が見つかったり、やる気が出てきたりするものなのです。

POINT
悩んだら誰かにシェアして一緒に解決方法を考えてもらおう!

迷うのをやめる

この「潔さ」がダイエットのキモ

「今日のランチは何を食べよう？　和食にしようか、パスタにしようか？」

「スカートとパンツ、どっちを着て行こう？」

朝起きてから寝るまで、1日のなかでも迷う場面はたくさんありますが、私は、「迷うことは時間の無駄」だと思っています。

なぜなら、「どちらにしようか迷う」ということは、結局は「どちらでもいい」ということだからです。本当に大切なもの、欲しいもの、やりたいことなら、迷わず「これがいい」と決められますよね。

私たちが迷うのは、たいてい、「どっちもまあまあよさそう」または「どっちもたいしたことない」から、どっちにしても同じというときでしょう。

ダイエットでも〝迷い〟は禁物です。

ただ**ダイエットに関しては、「どちらにしよう？」と迷ったら「どちらもしない」選択をおすすめします。**経験上、そのほうがいい結果になるからです。

たとえば、「今日のランチ、唐揚げ定食にしようかな？　チキン南蛮定食にしようかな？」と迷ったら、「どちらも食べない」ことを選ぶ。迷うくらいなのですから、どちらも「心から食べたい」と思っているわけではないのです。もしかしたら、たいしてお腹もすいていないのに、「ランチタイムだから食べよう」と、惰性で食べようとしている可能性もあります。

本当にお腹がすいていたら、迷わずいま、食べられるものを食べるでしょうし、以前から行きたかったお店があれば、迷うことなくそのお店に行くでしょう。そうして選んだ食事は、間違いなくおいしく食べられます。そのほうが健康的ですし、体も喜びます。

あるいは、週に3回ジムに行くと決めていた場合。

「今日はどうしても気分が乗らないな〜、でも行くって決めたし……」などと、行くか行かないかで迷うくらいなら、休みましょう。

気分が乗らないのに運動をしても、パフォーマンスが上がりません。無駄に疲労をためて帰ってくるだけになるからです。

本当に欲しいものだけを選び、本当にやりたいことだけをやる。その潔さは、必ずダイエットの成功につながります。

POINT
迷うくらいならやらない！　本当に欲しいものは迷わない

不安に思うのをやめる

体重の増減に一喜一憂しない

私がいまより15キロ太っていてダイエットをしていたとき、寝る前によく不安になることがありました。

じつは私はもともと、不安症ではないかと思うくらい、いつも不安を抱いていました。まだ何もしていないうちから不安になってしまうのです。石橋を叩いて渡るのではなく、石橋をさんざん叩いて結局渡らない——そんな性格だったのです。

そんな私がダイエットを始めたのですから、それは大変でした。何が大変って、ダイエットそのものではなくて、このすぐに不安になってしまう性格と向き合うことが、です。

明日になって体重が減っていなかったら……と思うと不安で寝つけず、結局、翌朝の体重測定で減っておらず、「ほら、やっぱり、不安的中だ」とガッカリしたものです。

そういう日はやけくそで「もうダイエットはやめよう！」と普通に食べてしまいました。

しかし翌朝、体重をはかったら、なんと減っているではありませんか！

そのとき気づきました。体重で一喜一憂するのっておかしいな。**ダイエットで頑張ったらその分、結果は出るけれど、すぐに出るわけではない。**だったら明日の体重なんて気にするのはやめよう、と。

私たちは、まだ起こってもいないことを、すでに起こっているかのようにリアルに想像して不安になります。まだ起こってもいない未来のことで不安になって、心配することにエネルギーを使うのは無駄ですよね。

それからは、「体重が増えているかもしれない」と不安に思うのはやめました。

未来のことを心配するくらいなら、いまできることをやろうという考え方に変わったのです。

体重が増えたらその日の食事を調整すればいい。増えるかどうか心配なんてしないで、増えたとき、そのつど対処すれば、決して〝増えすぎる〟ことはありません。体重はすぐには減らなくても、3日後には減っているかもしれない。同じ未来のことを考えるなら、不安になるより、「こうなったらいいな」と幸せな想像をしたほうがいいですよね。

その想像は、きっと想像通りの結果をもたらしてくれるはずです。

POINT
「こうなったらどうしよう」ではなく「こうなったらいいな」と考える

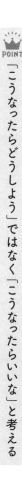

「足りない」と思うのをやめる

必要以上に食べたくなくなる「考え方」

食べたいものも我慢してダイエットを頑張っていたけど、食欲を抑えるのも、もう限界。そして堰《せき》を切ったように食べてしまい、あっという間にリバウンド。

よく耳にする話です。では、なぜこのようなことになってしまうのでしょうか。

「吾唯足知《われただたるをしる》」という言葉を知っていますか？

京都に龍安寺《りようあんじ》というお寺があるのですが、そこにある〝つくばい〟(手を清めるために置かれた背の低い手水鉢《ちょうずばち》)に刻まれている言葉です。

「吾唯足知」とは、「満足することを知っている人は、貧しくとも幸せであり、満足することを知らない人は、たとえお金持ちであったとしても不幸である」という意味です。日本はいま飽食の時代。24時間365日、好きなときに好きなだけ食べることができます。だからこそ、自分が「足りている」ことに気づけなくなっているのかもしれません。

「足りない」と思うから必要以上に食べてしまいます。でも、**「足るを知る」という考え方ができれば、自分は十分足りているから、必要以上に食べなくていいという選択ができるようになります。**

たとえば、1日3食という習慣。「朝食」「昼食」「夕食」という言葉のせいか、毎日必ず朝昼晩、3食、食べるものだと思い込んでいる人のなんと多いことか。「12時になったからランチを食べよう」と、たいしてお腹もすいていないのに食べてしまう。時間になったから食べるというのは、義務的な食事であって、健康的ではありません。食事は、**本当にお腹がすいてから、食べたいものをおいしくいただければいい**のです。ダイエットを成功させたいなら、「足るを知る」という考え方を持って生活することが大切です。

余談ですが、私はダイエットアカデミーの代表であり、ビューティークリエイター です。自分自身が〝商品〟でもあるため、絶対に太れないし、老けることもプロフェッショナルとしてできない、と思っています。ですが、前述した通り、スイーツが好きで、とくにチーズケーキとあんこが大好物なので、よく食べます。

ただ、1年のうち4カ月間だけ、シュガーファスティングといって、スイーツ類、お菓子類、砂糖類をまったく食べない期間を設けています（料理に入っている砂糖は加熱されていたらOKとしています）。

スイーツ好きの身にとっては拷問《ごうもん》に近いですが、どんなに年齢を重ねてもいまの体型をキープしつつ、チーズケーキとあんこを食べていたいので、この4カ月間は未来への投資だと思ってやっています。

POINT
「足るを知る」と太らない！

4章

いまやめれば、一生「きれい」が続く

……自然に体が整い、人生も変わる

「シャワーだけ」をやめる

⇩きれいな人は「バスタイム」を大切にする

忙しいとつい、ゆっくり湯船につかることなくシャワーですませてしまう……そんなことはありませんか？

時間がないから、夏は暑いから、早く寝たいからなどの理由で、シャワーだけですませているとしたら、それはダイエット的にはＮＧです。

バスタイムに湯船につからない人は、自分の体への扱いが雑《ざつ》になっているといっても過言ではありません。結果として、太ったり、体調が悪くなったりしてしまうのです。

実際に、私がこれまでダイエットの相談を受けた人のなかでも、太っている人ほどバスタイムに時間をかけず、湯船につかる習慣がないことがわかっています。

一方、健康で若々しく、スリムな人はバスタイムをとても大切にしています。体をていねいに洗って、ゆっくり湯船につかる。**湯船につかる時間は、自分の体や体調に向き合う時間です。**1日の疲れをとり、今日あったことを振り返り、内省するのです。

また、湯船につかると心も体もリラックスできますし、深部体温が上がるので、質のよい睡眠にもつながります。

眠気が強くなるときには、体温は低下します。よく、赤ちゃんの手足を触《さわ》って温かいと、「眠くなったのね」と母親がいうことがあります。これは、手足から熱を放散することで深部体温を下げているのです。

ですから、入眠の2、3時間くらい前に湯船につかって体の深部を温めておくと、布団に入るころには体温が下がり始め、自然と眠気がおとずれます。寝つきがよくなり、質のよい睡眠が得られやすくなるというわけです。

お子さんがいて、ゆっくり湯船につかってバスタイムをとるなんて無理、という人もいるでしょう。でも、たとえわずかでも意識してこの時間を大切にすることが自分の体を大切にすることにつながることをぜひ知っていただきたいのです。

私にも幼い子どもがふたりいますが、赤ちゃんのときからできるだけ一緒に入浴してコミュニケーションを楽しんでいます。内省する時間は少々減りますが、それでも湯船につかってバスタイムをとる効果は十分にあると感じています。

POINT
バスタイムを有意義な時間にする

柔軟剤を使うのをやめる

⇩香りの「成分」について知っておいてほしいこと

テレビのCMなどでもすっかりおなじみの「芳香柔軟剤」。洗濯機に入れるだけで衣類やタオルがふんわりと柔らかくなり、除菌や消臭もでき、まるで香水をつけたかのような香りが持続するといいます。

フローラル系、シトラス系、ムスク系など、各メーカーがいろいろな香りのラインナップをそろえ、ドラッグストアなどでもかなりの棚の面積を占めています。

これらの商品に含まれている香り成分は「合成香料」といって、人工的につくられた香料です。安価に安定した香りがつくれるのが特徴ですが、この合成香料は、使いすぎると大量の化学物質を体内にとり込んでしまうことになり、さまざまな健康被害の原因になります。

たとえば、めまいや倦怠感《けんたいかん》などが引き起こされる「化学物質過敏症」などが知られていますが、毎日着る衣類やパジャマ、寝具に大量に合成香料の含まれる商品を使っているとしたら、その後の健康が心配です。

ほかにも、さまざまな症状があり、喘息《ぜんそく》を誘発したり、頭痛、吐き気、肌のかぶれを起こしたりすることも。それまで何の症状もなくても、長期間にわたって化学物質にさらされることで、ある日突然、発症することもあります。

合成香料は、柔軟剤だけでなく、シャンプーやボディーソープ、ボディークリーム、ハンドクリーム、除菌消臭スプレーなど、さまざまな商品に使われています。

また、これらの商品の多くには、合成香料だけでなく、「第4級アンモニウム塩」という殺菌効果のある界面活性剤が含まれています。

この第4級アンモニウム塩の殺菌効果は、細菌の細胞膜に対して効くだけでなく、人の細胞膜も不安定にしますから、健康被害につながることも。

「そんなことまで気にしていたら、香りのある商品は何も使えないのでは？」と思われるかもしれませんが、逆にぜひ使ってほしい香りもあるのです。

香料には天然の植物などから香りを抽出している天然香料というものがあります。代表的な天然香料の例は、花ならローズやジャスミン、ラベンダー、果実ならオレンジやレモン、ライムやグレープフルーツなど。そのほかの植物では、シソやローズマリー、ペパーミントやセージなどがあります。


この天然香料は、私たちにさまざまなよい効果をもたらしてくれます。

たとえば、**就眠前に天然のオレンジ・スイート**の香りを嗅《か》ぐと、副交感神経が優位になり寝つきがよくなりますし、就寝中も寝室内にオレンジ・スイートの香りを漂わせ続けると、朝スッキリ目覚めることができます。

また、グレープフルーツの香りを嗅ぐことで脳が満足感を得て、食べたいという衝動を抑えたり、ラベンダーの香りを嗅ぐことでストレスや不安を軽減することもできます。

このように、**天然香料はダイエット、健康、美容、メンタルにもさまざまな効果、効能があり、とても奥が深い**ものです。

私自身も、現在香りについていろいろと研究しており、多くの人がダイエットの悩みをラクに解決できるような商品の開発もしています。

天然のいい香りで癒やされながらダイエットができるのはうれしいことですよね。

POINT

天然香料はダイエットの強い味方!

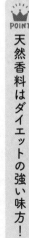

買い置きをやめる

なければ、食べずにすむことがほとんど！

人はなぜ買い置きをするのでしょうか。

「あれ？　しょうゆがほとんどない！　料理するのに足りないかも。こんなことなら買い置きしておけばよかった」という経験、あると思います。

このような場合は、たしかに買い置きしておいたほうがいい、という結論になるかもしれません。

でも、こんなケースはどうでしょう。

「あ、いつも食べるパスタソースがなくなりそうだったな。買っておこう」↓家に帰って棚を開けると、同じパスタソースが3つ……。

「今日はトマトが安い！　何かに使うかもしれないから買っておこう」

↓結局使わないまま腐らせることに……。

こちらも思い当たることがあるのではないでしょうか。


食材や消耗品を買い置きしてしまうのは、アメリカ文化の影響によるところが大きいのだそうです。

アメリカでは買い物は週に1回くらい。だから一度にたくさん買います。

コストコのような大型スーパーがあるのはそのためです。

また、家には買ってきたものを保管するパントリーと呼ばれる大きな物置スペースもあります。


一方、日本ではパントリーがある家は少なく、食材を置けるスペースも限られています。それなのに次から次へと買い込んでしまったら家がモノであふれてしまいますよね。

スーパーが近所になく、まとめ買いをしないといけないようなところに住んでいる方は別ですが、近所にスーパーがあるなら買い置きはあまりしなくていいのではないでしょうか。

ダイエットの観点からも、早め早めに買い置きをしてしまう傾向にある人ほど、太りやすく、ダイエットをしてもうまくいかない人が多いようです。

たとえば夜。疲れて帰ってきて小腹がすいたとき、家にすぐ食べられそうなものが何もなければあきらめもつきますが、買い置きしていたレトルト食品やインスタント食品があったらどうでしょう?

つい口にしてしまうかもしれませんよね。

どうしても食べたければ、自分で料理しなければ食べられないものにしましょう。

安売りの食品をまとめ買いしたり、お菓子やジュースを〝自分が困らないように〝買い置きしている人は要注意です。

あわてて買わなくても、家に食品が必要以上になくても、今の日本で困ることはないはずです。**今日から、必要以上の食品は買わない！**と決めましょう。

POINT
買い置きしなくても食品は逃げません

いつも同じ手でバッグを持つのをやめる

体の重心が整い、脳も活性化する！

バッグを持つとき、いつも右手（または左手）で持ってしまう。
ショルダーバッグをいつも同じほうの肩にかけてしまう。
思い当たる人は多いのではないでしょうか。
一見、ダイエットと関係なさそうですが、じつはとても重要なことです。

いつも同じ側の手でバッグを持っていると、体の重心のバランスが崩れます。体の重心のバランスが崩れると、骨盤の歪《ゆが》みや姿勢の悪化につながります。

その結果、**呼吸が浅くなって血流が悪くなり、代謝が低下して太りやすくなります。**

おそらくほとんどの人が、いつもどちらか決まったほうの手でバッグを持ったり、同じ側の肩にバッグをかけたりしていることでしょう。

でもこれからは意識して、いつも使っているのとは逆の手で持つ、または逆の肩にかけるようにしてみてください。

その効果は、体の重心のバランスが整えられるだけではありません。いつもと違うことをするので脳が活性化し、集中力も増すといわれています。

体の重心のバランスが整い、脳も活性化する、一石二鳥です！

利《き》き手は、何も意識しなくても自由に使うことができます。これに対して利き手ではないほうの手を使うのは難しく、かなり神経を使うことになります。

たとえば右利きの人なら、左手でペンを持って文字を書いたり、箸やスプーンを持って食事をしたりするのもいいでしょう。利き手と反対の手で箸やスプーンを持てば、早食いの防止にもなりそうですね。

同じ重さのバッグでも、いつも使っていないほうの手で持つと、最初は違和感がありますし、不思議と重く感じることもあるでしょう。

でも**「いつもと違うことをする」と新しい発見や気づきがあり、心にも体にもいい影響があります。**ダイエットに現状維持は禁物なのです。

POINT
体の重心のバランスを意識するとダイエット脳になる!?

同じ姿勢で寝るのをやめる

睡眠の質を上げる「眠り方」

あなたは寝るときに、どんな姿勢で寝ていますか？

仰向《あおむ》け？　うつぶせ？　あるいは心臓を下にしたほうが落ち着くから横向きとか、母親のお腹のなかにいる赤ちゃんのように、丸まって寝るとかでしょうか。

寝るときの姿勢に「これが正解」というものはなく、考え方もいろいろです。


「同じ姿勢で寝るのをやめる」といわれても、どうすればわからない人もいると思います。実際に眠ってしまったら、体の向きを自分でコントロールできませんよね。

知らず知らずのうちに、自分が寝やすい姿勢におさまってしまうかもしれません。

では、どうすればいいのでしょうか。

それには「枕」と「ベッド（布団）」の向きを、いつも同じにしなければいいのです。

どういうことか説明しましょう。

寝ているあいだ、枕やベッドには頭の重みや体重がかかります。毎日同じ姿勢で寝ていると、その頭や体があたっている場所がへこんできます。

すると**体の特定の場所に負担がかかり、肩こりや腰痛、骨盤の歪みの原因になってしまうのです。**長年悩んでいた肩こりや腰痛、頭痛が寝具を変えただけで解消したなどという話を聞くことがありますが、これは特定の場所にかかっていた負担が解消されたためです。

枕は可能なら毎日、裏表をひっくり返しましょう。布団も裏表、上下の向きを変えるようにします。

ベッドだと向きを変えるのは大変ですが、1カ月に一度でも3カ月に一度でも、マットレスの裏表、上下の向きを変えましょう。

すると、体の特定の場所だけに負担がかかることが少なくなります。

必然的に睡眠の質も上がります。

睡眠の質を上げることは、美容とダイエットには必須です。

たったそれだけ？　と思われるかもしれませんが、たとえば睡眠時間が8時間の人なら、ベッドや布団は1日の3分の1を過ごすところです。つまり、人生の3分の1を過ごす重要な場所なのです。一つのところにそんなに長時間、ほとんど移動することなくい続けるのですから、影響は大きいですよね。

さっそく今日から実践してみてください。やってみると、まるで新しい寝具に寝ているかのような新鮮さを体感できますよ。

POINT
枕とベッド・布団にもっとこだわってみよう！

「みんなと同じ」をやめる

あなたがやせられない本当の理由

日本人の特性でもあるかもしれませんが、みんなと同じであることに安心感を覚える人は多いものです。人と同じであれば責められることはないし、目立つこともありません。

コロナ禍ではそれが顕著でした。マスクの着用が自由になっても、みんながマスクをしているからという理由だけでマスクをつけていた人は多かったでしょう。「誰かが外《はず》したから私も外そう」と、誰かの行動を自分の行動基準にしていた人も。

もちろんマスクの着用が必要な場所もありますから、マスク着用の是非をいいたいわけではありません。

「みんなと同じで安心」という考え方では、個性や自分の意思、考えがないということにならないかということです。

ダイエットは「みんなと同じ」ではうまくいきません。

当たり前ですが、**私たちは一人ひとり、体型、体重や身長が違うだけでなく、食生活をはじめとした生活習慣、1日の行動サイクルも違います。**

「あの人がやって成功したから」「いま流行《はや》っているから」という理由で何かのダイエット方法をとり入れても、あなたに効果があるとは限りません。もちろん、ストイックに頑張れば、その方法でやせられるかもしれません。でも、それでは遠回りすることになってしまいます。

また、「みんなと同じで安心」という考え方は、「ひとまず現状維持でOK！」という意思の表われともいえます。

15年以上も前の話になりますが、私は公務員でした。

当時は、公務員をやめて起業するなんてあり得ない！　そんな時代でした。インターネットがいまのように普及していたわけではなく、スマホも現在のようには広まっていませんでしたから、得られる情報にも限りがありました。

でも、「人と同じことをやっていたら、同じ結果にしかならない」「人と違うことをしよう」。そう思いました。そして、公務員という安定した生き方をやめて新しいことにチャレンジしてみよう！　と起業したのです。

公務員がダメ、起業するのがすばらしい、ということではありません。

自分を変えたい、変わりたいと思ったら、エイヤッと飛び込む勇気も必要だということです。転職や起業のような大きなことでなくても大丈夫。レストランに行って、あえてみんなと違うものを選ぶというのでもいいのです。そんな小さなことから、自分が本当にしたいことを選択するクセをつけていきましょう。

POINT
みんなと違うことを恐れず、むしろ違うことを楽しもう！

「続かないこと」はやらない

ダイエットの失敗は「成功のもと」にはならない

ダイエットで大切なのは、〝続けること〟だと、この本でもくり返しお話ししてきました。

「なにごとも経験」とか、「失敗することも必要」とかいわれることもありますが、ダイエットに関しては、失敗しないに越したことはありません。

なぜなら、一生使っていく自分の体に対して、「失敗する」というのはデメリットが大きいからです。

「またリバウンドしちゃった！」なんて軽々しく話す方もいますが、ダイエットもやり方しだいでは、体に負担やストレスをかける可能性もあります。リバウンドのたびにダイエットをくり返していては、その負担やストレスを体にかけ続けることになります。

ダイエットは、〝自分の大切な体〟にかかわること。そんなとても大事なことにもかかわらず、その自覚がない人が多いような気がします。

たとえば、話題のサプリメントがじつは効果がなく、むしろ体に悪いということがわかった、なんてことはこれまでも報道されてきています。

また、同じものだけを食べ続ける単品ダイエットをして体調を崩した、極端な食事制限をして生理が止まってしまった、疲れやすくなった、という声もよく聞きますよね。

ダイエットだけは、失敗が成功のもとにはならないのです。

では、どうすれば失敗しないのでしょうか。

一つの基準としていえるのは、**「自分がこの先、生きているあいだ、健康的に続けられないダイエット方法はやらない」**ということです。

3カ月間、ジムに通って激しい運動をすればやせられるでしょう。

食事をファスティングドリンクに置き換えたり、厳しい食事制限をしたりすれば、もっと効果的です。

でも、それをこの先もずっと続けていけるでしょうか。運動や食事制限を続けるのは、とてもハードルが高いことなのです。

大切なことなので何度もいいますが、続けられないことをやるのは、リバウンドするためにダイエットをしているのと同じです。

多くのトップアスリートが引退したら太ってしまうことからもわかるように、運動も食事制限も、始めたことをやめれば、元に戻るのは当たり前のこと。自分が「これなら続けられる」というものを、ゆるく長くやっていきましょう。

POINT

続かなければ、もれなく太る

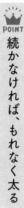

朝のスマホ、夜のスマホをやめる

眠るだけできれいになるために

質のよい睡眠は、美容とダイエットにはとても大切です。

あなたは目覚まし時計を使っていますか？
それともスマホのアラーム機能を使っていますか？
スマホのアラーム機能は便利ですが、それを目覚まし時計代わりにしている人は、眠りの質が低下しているかもしれません。

スマホを目覚ましにしている人は、たいてい枕元にスマホを置きます。枕元にスマホがあると、つい寝る直前までＳＮＳをチェックしたり、電子コミックを読んだりと、「寝ながらスマホ」をしてしまいがちです。

これが、ダイエットだけでなく健康にも影響を与えるのです。

スマホの画面からはブルーライトという目を刺激する光が発せられています。そのためスマホを寝る直前まで見ていると交感神経が刺激され、脳が興奮状態になってしまいます。すると、**体は寝ていたとしても、脳は休まらず起きている状態**になるのです。

また、寝ているときはマナーモードにしている人も多いと思いますが、それでも着信や通知があると夜中にフラッシュが光ります。その光も眠りの妨《さまた》げになってしまいます。

さらに、スマホが発する電磁波の影響も懸念されています。スマホを枕元に置いて寝ることで、眠りの質に悪影響があるというのです。

睡眠はたっぷりとっているはずなのに、朝なかなか起きられなかったり、日中眠気に襲われることが多かったり、寝ても疲れがとれないと感じたりする人は、スマホとのつき合い方を見直してみましょう。

寝るときだけではなく、普段から長時間スマホを見続けていると、肩や首のこり、視力低下、頭痛、自律神経失調症なども起こりやすくなります。

美容とダイエットのため、何より健康のために**寝る1時間前までには、スマホやパソコンなどの電子機器の使用はやめ、寝るときは電源を切るか、ほかの部屋に持っていくこと**をおすすめします。

POINT
スマホを肌身離さず持っている人はやせられない

忙しくするのをやめる

⇩ 自分時間のある人ほど健康的で美しい

「最近、仕事はどう？」

「来月までスケジュールがいっぱいで忙しいんです」

「そうなんだ。忙しくて何よりだね」

「そうですね。ありがたい悩みです」

なんて会話をすることがあります。

忙しいことはいいことだという風潮が、まだまだあるようです。

なかには、スケジュールが埋まっていないと不安になるという人もいます。


ただ、**忙しいことは、ダイエットにあまりいい効果をもたらしません。**

忙しいと、あちこちせわしなく動き回るから、体を動かすこともできてダイエットにはよさそうに思えますが、デメリットのほうが多いと思います。たとえば、

・睡眠不足になりやすい
・自分と向き合う時間がとれない
・ゆっくり食べる時間がないから早食いになる
・自炊の時間がとれず、インスタント食品やレトルト食品になりがち
・多忙のストレスからつい暴飲暴食してしまう
・イライラしたり、焦ったりして、メンタルが安定しない

まさにダイエットのために「やめること」のオンパレードです。私たちはそろそろ、「忙しいことはいいこと」という概念から卒業しなければなりません。

忙しい時期があるのは仕方がありませんが、そのような時期でも自分の時間は必要です。

とくにダイエット中は、自分の時間をどう使うかが、とても大切だということは、ここまで読んでくださったあなたなら、もうわかるはずです。

自分を振り返ることなく健康的に美しくやせることはできません。

普段から読書や映画鑑賞、美術館めぐりなど自己投資の時間を持てたら素敵です。

それができないときは、1日10分でもいいので、鏡を見ながら自分の肌の調子を確認したり、ストレッチをしたり、**自分のためだけの時間をぜひ持ってください。**

そうすると「少し顔が丸くなってきた気がする」「二の腕が締まってきたかな」など、ちょっとした変化に気づきやすくなります。

わずかな時間でも意識して自分時間を持つことは、ダイエットを長続きさせるコツでもあるのです。

POINT
自分時間を持とう!

時間管理をやめる

時間ではなく自分の行動をコントロールする

朝6時に起きようと思って、6時に目覚まし時計をセットする。

6時ピッタリに目覚ましが鳴《な》り、アラームを止めた瞬間、もう〝6時過ぎ〟になっています。

これだと1日の大切なスタートで、少し出遅れてしまうことになります。

ほんのわずかのことですが、そうやって少しずつ時間が押されると、予定がずれていきます。朝、少し遅れただけでいつも乗る電車に乗れず、結局は残業する羽目になったりすることも、珍しくありません。

あるいは、遅れを取り戻そうとして焦《あせ》ってしまい、仕事や家事でミスをしたり、早食いをしたり、美容にかける時間を省略したりすることもあるでしょう。

私はいつも、たとえば**朝6時30分に起きたいときは、目覚まし時計を6時27分にセットします。**

たった3分ですからたいした違いはないのですが、6時30分台に起きるのと6時20分台に起きるのとでは気持ちがまったく違います。3分弱でも余裕を持って1日をスタートするメリットは大きいのです。

朝起きて少し余裕があるだけで、**自己投資の時間を持つこともできます。**でも、逆に少し遅れるだけで、家事や出勤準備、子どもの世話など「やらなければならない」ことばかりになって、まさに時間に追われている状態となり、その余裕がなくなります。

自己投資のための時間はモチベーションも上がりますが、義務のような〝やるべきこと〟のための時間は、モチベーションが下がりますよね。

朝起きて最初にすることが、将来の自分への自己投資ならば、自然と早起きもしたくなりますし、1日が充実して過ごせる気がしませんか？

時間だけはどんな人にも平等に流れます。1時間は60分、1日は24時間であり、それは誰にも変えられません。

だからこそ自分をコントロールするのです。つまり、時間管理をするのではなく、自己管理をすることが大切。そしてその自己管理が、ダイエットにはとても必要なことなのです。

POINT
3分前に行動を開始すると人生が充実する

お風呂で電気をつけるのをやめる

バスタイムを大切にする人、しない人

あなたはお風呂に入るとき、浴室の電気をつけていますか？

「お風呂で電気をつけるのは当たり前でしょ」と思われるかもしれませんね。

じつは、人間が受け取る情報の約80％は視覚から得ているといわれます。ということは、**視界からの情報をシャットアウトすれば脳が休まり、リラックス効果が倍増するのです。**


子育て中の方を除けば、通常、バスタイムは自分一人の時間です。その時間をどう過ごすかはとても大切です。

想像してみてください。シャワーだけですませてしまう人と、ゆっくり湯船につ

かり、リラックスして今日1日の疲れをとっている人を。

「湯船につからない人は太りやすい」ということは、すでにお話ししましたよね。

バスタイムは基本的に365日、毎日のことです。その時間を大切にする人としない人とでは、ダイエットだけでなく人生の充実度でもどんどん差が開いてしまいます。

湯船につかると体温が上がり、新陳代謝が高まります。すると体のなかにたまった老廃物や疲労物質が体外へと排出されやすくなります。血流がよくなり、体のすみずみまで酸素や栄養素が運ばれるため、体がスッキリして疲れがとれていきます。

また、体が温まると筋肉や関節の緊張がほぐれ、リラックスします。

さらに、前にもお伝えしたように、就寝の2、3時間くらい前に入浴をすることで睡眠の質もよくなります。

そこで、この項の冒頭の話に戻りますが、私がおすすめしたいのが、**バスタイム**

に浴室内の電気を消すこと。

浴室内が真っ暗だと怖いという人は、脱衣所の電気をつけて薄明かりにしたり、お風呂用のアロマキャンドルを灯《とも》したりするといいでしょう。アロマの香りにはリラックス効果があるので、アロマキャンドルはおすすめです。

POINT
バスタイムを正真正銘のリラックスタイムにしよう

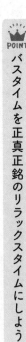

二度寝をやめる

⇩体内時計は、決まった時間にリセットされる

朝6時に起きようと目覚まし時計をセット。6時にアラームが鳴り始めたけれど、止めたら安心してまた寝てしまった。そんな二度寝の経験は誰でもあるでしょう。そして再び目覚めたときは「やってしまった……」と後悔することが多いのではないでしょうか。

あまり知られていないことですが、じつは**二度寝はダイエットに悪影響を及ぼします。**

私たちは毎日決まった時間に起きることで、体内時計をリセットしています。

ところが二度寝をしてしまうと、体内時計が正しくリセットされず、乱れてしまうのです。すると、ぼーっとした状態で過ごす時間が増えたり、1日中疲れが抜け

なかったり、寝つきが悪くなったりして、生活のリズムまで乱れてしまいます。

また、朝に体内時計をリセットできないと、夜、自然に眠くならないため睡眠時間が減ったり睡眠の質が下がったりして成長ホルモンの分泌量が落ち、代謝も悪くなります。代謝が悪くなると肌荒れの原因になるだけでなく、脂肪の燃焼効率も低下して太りやすくなるのです。


また、二度寝してしまう人は睡眠時間が足りていない可能性があります。

そこで私がおすすめしているのが、昼の20分以内の仮眠です。

ランチを食べたあとに眠気をこらえて仕事をするより、思いきって仮眠をとってから仕事をしたほうが効率も上がります。

ただし、仮眠をとるときは以下のことに気をつけましょう。

・20分以内にすること
・12時から15時までの間にすること

・横にならないこと（ソファにもたれる、デスクの上に伏せるなどする）

「眠る」というよりは、脳を休める感覚で仮眠をとるのがコツ。

午後の仕事や家事のパフォーマンスが上がり、ダイエットにもつながるので、一石二鳥ですよ。

POINT

「二度寝はパフォーマンスを下げ、体重を上げる」と心得る

夜ふかしをやめる

「きれいになるホルモン」は夜、つくられる

睡眠不足や、睡眠の質がダイエットに影響することは、これまでもくり返しお話ししてきました。

夜ふかしがよくないことは、誰もがわかっていることと思いますが、ここではあらためて、ダイエットの観点からお話しします。

まず、夜ふかしをすると朝起きられず、ギリギリまで寝てしまいます。必然的に朝はバタバタと慌ただしく準備することになり、朝食も急いで食べることに。これでは満腹感が得られません。

私もかつては朝起きるのが苦手でいつも大慌てで出勤。職場で朝食を食べることもよくありました。

夜ふかしする人の夜の過ごし方は、だいたい決まっています。

早く寝なくちゃ、と思ってはいても、夕食後、ついダラダラとテレビを見たり、スマホをいじったり。お風呂も入っていつでも寝られるはずなのに、夜中の1時、2時までなんとなく過ごしてしまうのです。私自身もそうでしたから、そんなふうに過ごしてしまうのもよくわかります。

アンチエイジングに効果的な成長ホルモンは、夜寝ているあいだに分泌が増えますが、**夜ふかしをすると睡眠時間が減るため分泌量が少なくなります。**

そして何より、夜起きている時間が長いと「何かを食べてしまう」のです。

起きている時間が長ければお腹もすきますし、食べるチャンスもあります。ひどい場合はお腹がすいてなくても、なんとなくテレビを見ながら食べてしまうことも。

早く寝てしまえば、当然、お腹がすくことはありませんし、なんとなく食べてしまうこともありません。

私もダイエットに成功してから、就寝の習慣が一変しました。

夜は21時～21時30分には寝て、朝は5時前には起き、10分くらいストレッチをしてから1日を始めます。

たまに仕事で遅くなっても、22時を過ぎると眠くなり「早く寝なくては」と焦ります。夜ふかしをしたら大損をするような気持ちにさえなるほどです。

このような自分自身の経験からはっきりいえることがあります。

それは、**夜ふかしをやめたら人生が好転する**こと。言い方を変えれば、夜ふかしをやめ朝早く起きるようになったら人生が変わったのです。

朝の過ごし方を変えると1日が充実します。

早朝はメールも電話も来ない。外に出ても人も車もほとんどいない。まるで地球が貸し切りの状態になっているかのようで、時間がゆっくり流れるように感じます。

毎朝ギリギリまで寝て、慌てて出勤していたころ見ていた風景とは別世界です。

私はダイエットに成功してから夜ふかしをやめるようになりましたが、みなさんにおすすめしたいのは、逆です。**夜ふかしをやめれば、ダイエットは成功しやすくなるでしょう。**

ポイントは、早起きを意識するのではなく、まず早く寝ること。朝起きてその日の予定を確認するときに「今日は何時に寝るか」を決め、そこから逆算してスケジュールを組むのです。

これまで夜ふかししていた人がいきなり22時に寝るのは難しいので、最初はいつもより30分早く寝るくらいでＯＫ。

いい習慣は、ダイエットに成功するメンタルをつくります。時間がかかってもかまいません。1年くらいかけて夜ふかしから脱することができればいい、くらいの感覚で、人生も体型も変えていきましょう。

POINT
夜、早く寝るとダイエットに成功しやすくなる

先延ばしをやめる

なにごとも気づいたらすぐやるだけで……

洗面所やお風呂の排水口に髪の毛がたまっている。しかも、水アカもいっぱいついている！

「でも、今日はちょっと忙しいから、明日やろう」

なんて、つい見て見ぬふりをしてしまうこと、ありますよね。

でも翌日になったらそんなことは忘れてしまい、週末にようやく掃除にとりかかってみると、たまった髪の毛や水アカだけでなく、カビ汚れも発見！　洗剤とタワシを持ってきて、ゴシゴシと……。時間も労力もかかり、貴重な休みを掃除に費《つい》やしてしまった、なんてことに。

面倒だと感じても、気づいたときにその場ですぐ掃除をすれば、簡単にきれいになるのに、つい先延ばしにしてしまう……。

年末の大掃除もそうです。1年の汚れを落として気持ちよく新年を迎える、というと聞こえはいいですが、じつは大変なこと。しかもとても効率が悪いのではないでしょうか。これも、気づいたときに少しずつきれいにしていれば、大掃除という、非効率で無駄な時間を過ごさなくてすむのです。

私の会社では、年末の大掃除はしていません。その代わり、汚れに気づいたらすぐ掃除をして、普段から汚れをためないように心がけています。

これはダイエットも同じです。〝気づいたらすぐ〟とりかかれば、それほど苦になることはありません。

1、2キロ太ったと感じたときにすぐ調整すれば、わざわざダイエットしなくてもすむのに、5キロも6キロも増えるまで何もしない。

さすがに5、6キロ増えてしまうと、それを落とすのは大変ですよね。

掃除もダイエットも、**「先延ばしすればするほど、あとから何倍も時間と労力がかかる」**ことを知っておきましょう。

なにごとも気づいたらすぐにやる！　を習慣になるまでやってみてください。

きっと想像以上の成果に驚くことでしょう。

POINT

先延ばしは人生の無駄遣い。気づいたらすぐにやろう

モノをたくさん持つのをやめる

片づけとダイエットは似ている

「いつか使うかもしれない」と、なんでもとっておくクセがある人はいませんか。洋服に始まって、本や雑誌、ショップの袋、取扱説明書、手紙や書類、弁当についてくるプラスチックのスプーンやフォークから保冷剤まで、挙げたらきりがありません。

いまは使っていないけど、いつか役に立つ日が来るかもしれない——そんなモノたちの置き場所は、使っていないあいだはスペースの無駄遣いになります。

たとえば衣類の場合、着る服も着ない服もごっちゃになってクローゼットを占拠していると、着たい服が埋もれてしまい、探すのに時間がかかります。結局いつも取りやすい場所にある服ばかり着てしまったり、似たような服を持っているのを忘れて同じような服を買ってしまったり……。

スペースだけでなくお金も時間も無駄にすることになってしまいますよね。

着ない服は思いきって捨てるか、売るか、誰かにあげるかすれば、とてもスッキリします。


なぜ片づけの本でもないのにこんな話をしたかというと、片づけとダイエットは似ているからです。

というより、ほぼ同じといってもいいかもしれません。


断捨離成功者は、ダイエットもうまくいきます。

モノをあまり持たない人や、部屋がきれいに片づいている人は、太っている人が少ないように感じます。

なぜかというと、モノを捨てるかとっておくかの取捨選択ができる人は、自分にとっていま何が必要か不必要かを見極めることができる人だからです。

たとえば食べ物でも、自分がいま何を食べたらいいのか、何を食べないほうがいいのか、取捨選択することができれば、食べすぎることもなく、ダイエットもうまくいくでしょう。

必要なものが必要なだけきちんと収まっていれば部屋がきれいであるように、必要なものを必要なとき、必要な分だけ食べれば、体は整うのです。

POINT
部屋のなかのいらないものを捨てたら、脂肪もなくなる

5章

太らない自分になる「お金の使い方」

……いらないものを手放すうれしい効果

健康器具を買うのをやめる

⇩やせてきれいになる自己投資の方法

あなたはこれまでダイエットにどれだけのお金を費やしてきましたか？

ダイエットにかけたお金とダイエットの成功は、必ずしも比例するものではありません。

それ以前に、太っているとお金がかかるのです。

「やせるため」という名目でかかるサプリメント代やプロテイン代、健康器具代、ジムの会費……。さらに、太っているということは「自己管理」ができていないということ。そのため、風邪をはじめ、さまざまな病気になりやすい傾向があります。

そのように考えると、医療費もかかるでしょう。

さて、先に挙げたなかの健康器具。やせる効果を期待して買う人がほとんどだと思いますが、それを買って、ちゃんと使い続けている人は、どれくらいいるでしょうか？

おそらく「しばらくは使っていたけれど、いまは物干し台になっている」などという人がほとんどでしょう。

結局、粗大ゴミとして捨てるか、売るか……という結末になるのです。

私はかつて、健康器具の監修をやっていたことがあるのですが、残念ながら健康器具で健康になることはないと思っています。ダイエット効果もほとんど期待できないでしょう。

もちろん、健康器具を買うことでダイエットへのモチベーションがアップして、ダイエットが楽しく続けられるというなら話は別です。

ですが、健康器具の多くは〝健康によさそうな〟器具であるに過ぎません。そこに数千～数万円をかけ、部屋のスペースを割《さ》いてもいいかどうか、冷静に考えてみましょう。

じつは健康な人ほど、サプリメントや健康器具などの「健康のため」という名目のものにお金をかけていません。

その代わり、**食事をはじめとした自分の心と体によいものには、惜しみなくお金を使います**。つまり、食事を将来のための投資と考えているのです。

一方、なかなかやせられない人は、食事を投資とは考えません。「食事にお金をかけるのはもったいない」と思っているのです。それなのに、ジャンクフードやインスタント食品やレトルト食品などを買ったり、気が進まない飲み会に行ったり、無駄な買い物やつき合いがやめられず、結果的に浪費しています。

お金の使い方を考えるときに、「投資」「消費」「浪費」に分けて見直す方法がよく用《もち》いられますが、ぜひ自分のケースに当てはめて振り返ってみてください。

・投資：将来に役立つ出費
・消費：生活のために必要な出費

・浪費：無駄な出費、本来必要のない出費

モデルの世界では、**「いま食べているものが3年後の自分に表われる」**といわれています。

あなたが今日食べる食事、それにかかる費用は投資ですか？　それとも、消費、浪費ですか？

これは、お金の使い方だけでなく、時間の使い方にもいえること。

たとえば時間が10分あったら、どう過ごしますか？

浪費をゼロにしなければならないわけではありません。

でも、無意識のうちに、お金も時間も浪費しているとしたら、もったいないですよね。

POINT
健康器具に投資するより、自分に投資しよう！

高価な化粧品を買うのをやめる

お金をかけた「きれい」には限界がある

スキンケアに**8：2の法則**があるのを知っていますか？

これは、肌に影響を与えるのは、内的要因が8割、外的要因が2割という意味です。簡単にいうと、食事や飲み物など体の内側からの影響が8割であるのに対して、化粧品など外側からの影響は2割に過ぎない、ということです。

美容と健康に関心のある方のほとんどが、化粧品にもこだわり、高価な化粧品を購入したことがあるのではないでしょうか。

この8：2の法則からもわかるように、同じお金をかけるなら、**高価な化粧品を買うよりも、体のことを考えて食べるものや飲むものにお金を使うほうが、よほど**

コスパがいいのです。

高価な化粧品のCMにイメージ戦略として起用されているきれいな女優やモデルを見ると、「この化粧品を使ったら、このモデルさんのような肌になれるかも」と思ってしまいがちですよね。

でも、そのモデルはその化粧品を使っているからきれいなわけではありません。肌はいちばん外側にある臓器ともいわれます。**つまり肌がきれいということは、体の内側がきれい、ということ**です。本当に美しい女優やモデルは、食べるもの、飲むものなど、体内に入れるものにもとても気を使っています。

肌をきれいにしたいなら、まず体のなかをきれいにすることが大切です。

体のなかをきれいにするには、まず常温の水をたくさん飲むこと。人間は体の約60％が水分でできているため、体内に入れる飲み物はとても重要です。

コーヒーなどの嗜好品や砂糖たっぷりのジュースばかり飲んでいたら、体のなかは汚れる一方。また冷たい水は体を冷やし、血流を悪くするので肌に悪影響を及ぼします。

次に食べ物です。肌の大敵は腸を汚したり、腸を詰まらせたりするような食べ物。その代表がジャンクフードやコンビニ弁当です。

ジャンクフードやコンビニ弁当には保存料や酸化防止剤などの添加物がたくさん入っています。食品添加物は腸内にとどまりやすく、腸を汚したり詰まらせたりします。

体のなかをきれいにするために「何を食べるか」ということは大事ですが、それと同じくらい「何を食べないか」ということも重要です。

また、空腹の時間をつくるのも大切です。

空腹の時間が長いと内臓を休ませることができるため、体のなかからきれいにできるのです。

また、空腹の時間が長いと、長寿遺伝子、抗老化遺伝子といわれるサーチュイン遺伝子のスイッチがオンになり、全身の細胞が活性化して若返るといわれています。実際、空腹の時間が長い人と短い人を比べると老化現象が進むスピードや太る可能性にも差が出るといわれています。

ですから、食べるときは本当にお腹がすいたと感じてから食事をするといいでしょう。とくに夕食から翌朝の食事までは、最低でも10時間（理想は12時間）あけるのがおすすめです。

そして、しっかり睡眠時間をとること！　質のよい睡眠は最高の美容液になりますよ。

POINT
「体にいいこと」を意識すれば、それだけできれいになれる

安易にモノを買うのをやめる

たとえば「宅配で買う飲み物は水だけ」と決める

最近は、食材などでもスーパーに足を運んで買い物をするのと同じくらい、ネットショッピングをしている人は多いかもしれません。

とくに飲み物など重いものをたくさん購入する場合は、宅配を利用している人も多く、まとめて「箱買い」している人や、定期便にしている人もいるでしょう。

ここで飲み物を箱買いしている人にお伝えしたいことがあります。

それは、ぜひ「必要なものだけを買ってください」ということです。

また、**宅配で買う飲み物は基本的に水だけ**にして、お酒はもちろん、ジュース、エナジードリンクなどは買わないようにしましょう。

なぜなら、家にそれらの在庫があると飲みすぎてしまうからです。

水は健康やダイエット、防災の面からも必需品なので切らせてはいけませんが、お酒やジュース類は必需品ではなく嗜好品です。

嗜好品は、飲みたいときにわざわざ買いに行くからこそ、価値が高まるもの。「ジュースが飲みたいな」と思っても、買い置きがなければあきらめもつきます。わざわざ買いに行くのは面倒くさいな、と思えるのです。

でも手の届くところにあれば、いつでも飲みたいときに飲めてしまいます。

お酒、ジュース類はカロリー、糖分ともに高いものです。飲みすぎれば当然、太ります。

また、エナジードリンクにも、糖分が多く含まれています。

エナジードリンクが怖いのは、カフェインがたくさん含まれていること。なかには、コーヒーを上回る量のカフェインが含まれているものもあります。そのため、飲みすぎると、カフェイン中毒になってしまう可能性もあります。

また、カフェインといえば、普段からコーヒーや緑茶、紅茶などを飲む習慣がある人も多いと思いますが、カフェインには利尿作用があるため、**とりすぎると体内は水分不足になります。すると肌も乾燥してしまうため、美容には大敵**なのです。

ネットショッピングをしているとつい、「なんとなく買い」「ついで買い」をしてしまいやすくなります。これはスーパーやコンビニでの買い物でも同じですが、「水だけ買うのはもったいない」などと思わずに、必要なものだけを買うようにしましょう。

ぜひお財布にも体にもやさしい買い物をして、ダイエットを成功させましょう！

POINT
無駄な買い物をやめて、体の無駄も削《そ》ぎ落とそう

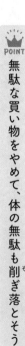

スーパーのカートは使わない

いま必要でないものまで買ってしまう心理

スーパーで買い物をするとき、あなたはカートを使いますか？

それともカゴを手に持って買い物しますか？

カゴを手に持つと重いし疲れるし、ほんの少しの買い物でも、ついカートを使ってしまうこともあるでしょう。


私は大型スーパーの代表、コストコが大好きです。

料理をするのが好きで、食材の買い出しも好きなので、コストコに行くとちょっとした遊園地に来たような気分になってワクワクします。

コストコに着くと大型カートが置かれていますが、そのカートいっぱいに商品を入れている人がたくさんいます。人間というものは、スペースがあると心理的にそれを埋めたくなるものなのです。

なんだかカートがスカスカだともったいない気がしてしまうのですね。それでついつい買いすぎてしまう……。これはコストコに限ったことではありません。

一方、カゴはどうでしょうか。

スーパーでカゴを手に持って商品を入れていくと重くなるので、もう買うのをやめようという抑止力になります。でも、カートを使うと重さを感じないため、つい余分に買ってしまいやすいのです。

また、買い物に行くときは、事前に買うものをスマホにでもメモしておき、それ以外は安売りをしていたとしても買わないようにしましょう。

これは無駄な買い物を減らすだけでなく、ダイエットにもつながります。

余計なものを買う人は、余計なものが体にもつきます。

安いからといって、いま必要がないものも買ってしまう人の心理は、食事のときに食べ終わっても、「あとひと口」「もったいない」などといって余計に食べてしまう心理ととてもよく似ています。

試しにスーパーで、事前にメモした必要なものだけを、カートを使わないで買ってみてください。買いすぎない自分に気づけますし、必要ないものに手を伸ばさずに目的のものだけを買う達成感もあるので、買い物が楽しくなりますよ。

POINT
大きなカートに余計なものを入れると太ると心得よう

食事のデリバリーを頼むのをやめる

食に対するリスペクトがなくなると太る

街を歩けばフードデリバリーの配達員を見かけない日はないくらい、食事のデリバリーを利用している人は多いようです。

忙しくて料理をする時間がないとき、あるいは外出が難しいときなどに食事を配達をしてもらえるのは、たしかに便利かもしれません。

でも、フードデリバリーを頻繁《ひんぱん》に利用する人がやせるのは難しいでしょう。

誰かに自分が食べる食べ物を運んできてもらう――それは、〝自分の体のために食べる〟ものを、人にゆだねているということです。

これを続けていると、食事に対する意識が悪い意味で変わってしまうように思います。「大切な自分の体のためにとる食事」がおろそかになってしまうのです。

食事は本来、自分でメニューを考え、食材を買ってきて、自分でつくって食べるもの。そして洗い物をしてあと片づけをする。

自分の選んだ食材で自炊をすれば、添加物などの摂取量はぐんと減らせますし、食事そのものについても、何をどれだけ食べたか把握しやすくなります。

買い物をして買い物袋を持って運ぶだけでも、「エネルギーを消費している」「筋力がついている」ことになるでしょう。

自分でつくった食事はおいしくないとか、つまらないという人もいますが、それは、食材に対しても、自分の体に対しても失礼ではないでしょうか。

フードデリバリーは一つの経験として頼んでみるとか、風邪をひいたりして食事がつくれないときに利用するのであればいいでしょう。

でも、想像してみてください。健康で若々しくスリムな人がフードデリバリーを日常的に利用しているでしょうか？　配達ピザを利用しているでしょうか？

何よりあなたの〝なりたい未来の自分〟は、デリバリーを利用していますか？

食へのリスペクトが減っていくと、それはやがて肥満へとつながります。

目指している自分、なりたい自分がやらないことは、いまからやらないようにする。これは、とても大切なことだと思います。

POINT
美しい人は、食に対するリスペクトを忘れない

安いお酒を買うのをやめる

お酒一つでも、こだわりを持って選ぶと……

私はお酒が大好きでよく飲みます。

食事に合わせてビール、ワイン、日本酒など、「どのお酒を飲もうかな?」と選ぶのも、とても楽しいものです。

ただ、お酒を飲むときに一つ決めていることがあります。

それは「悪酔いしない」「二日《ふつか》酔《よ》いにならない」お酒を飲むこと。

せっかくお金と時間をかけてお酒を飲んだのに、気持ち悪くなってしまうなんて残念ですよね。

二日酔いを経験したことがある人はよくわかると思いますが、二日酔いになると、その日1日をほぼ無駄にしてしまいます。仕事にならないし、やりたいこともできません。

その原因が前日に自分が飲んだお酒なのですから、悲しすぎますよね。

でも、お酒が入るとついつい気がゆるんで飲みすぎてしまうという人は多いでしょう。お酒を飲んでも自分をコントロールできれば誰も苦労しないと思われるかもしれませんが、コントロールするのはそれほど難しいことではありません。

ポイントは、**お酒の質にこだわること**。私の目安を挙げてみましょう。

ビールはコーンスターチなどが入っていない、麦芽《ばくが》とホップと水が原料のもの（具体的には、エビスやプレミアムモルツ、一番搾りなど）。ほかには地ビール、海外のビール（ハイネケンやカールスバーグなど）です。

ワインはあまりに安いワインはNG。かといって、高価であればいいわけではありません。ワインは種類が豊富なので難しいですが、目安としては1本1000円を切るワインは飲まないようにしています。

日本酒なら純米酒。理由は米、米麹《こうじ》、水のみでつくられているからです。なかでも、精米歩合が50％以下の純米大吟醸を選ぶようにしています。また、醸造アルコールが入っている吟醸酒・本醸造酒は飲まないようにしています。

ウイスキーはグレーン（とうもろこしなど穀類のこと）が入っていないものを選んでいます。また、缶チューハイは、砂糖や添加物も多く、悪酔いや二日酔いをしやすくなるので飲みません。

ざっと挙げてみましたが、私が選ぶ**お酒に共通しているのは添加物や砂糖ができるだけ少ないものということ**です。

添加物や砂糖が多いと二日酔いや悪酔いの原因になるだけでなく、内臓機能を鈍らせて太りやすくなるからです。

実際、私はお店でお酒を注文するとき、銘柄を確認しています。「生ビール」としか書いていないなら「生ビールの銘柄はなんですか？」「ハイボールのウイスキーの銘柄はなんですか？」というように。もしも添加物の入っているビールやウイスキーだったら、そのお店では炭酸水だけ飲んで、2軒目に質のよいお酒が飲めるお店を選ぶほどこだわっています。

そもそもそのようなことがないように、基本的にはお店を選ぶ際、どんな銘柄のお酒があるかを調べてから行くようにしています。

安いお酒を2本買うのなら、質のよいお酒を1本、味わって飲んでみてください。お酒との向き合い方が変わってきますよ。

POINT
お酒を飲むならおいしく味わい、その時間を大切にする

「お得だから買う」をやめる

買い物とダイエットの共通点を知っている？

バーゲンセールとダイエットの成功・失敗には共通点があります。

普段よりも安く買えるバーゲンセール。最近ではネットショッピングでも期間限定のセールなどがあり、そのようなときにここぞとばかりに買ってしまう人もいるでしょう。

でも、なぜ買ってしまうのか、その理由を考えてみたことがありますか？

「お得だから」

「安いから」

こういった理由が多いのではないでしょうか。

前からどうしても欲しかったものが安くなっているのなら、ゲットするのは大賛成。でも、それほど欲しかったわけでもないのに「この値段だったらいいかも」「お得だから」という理由だと、買ったまま使わないことになったり、大切にしなかったりします。まさに「安物買いの銭失《ぜにうしな》い」です。

ダイエットでもバーゲンセールと同じことをしている人がいます。流行りのダイエットや手軽なダイエットに飛びつく人です。

「流行っているからやる」

「簡単にやせられそうだからやる」

ですが、流行っているものは、いずれ流行らなくなる日がきます。それは、これまでの数々のダイエットが証明してくれています。本当に効果のあるダイエットなら、ずっと残っているはずです。

サプリメントに頼るような、手軽なダイエットもそうです。手軽なダイエットで成果が出るのであれば、みんなきれいになっているでしょう。

ダイエットをするのは、理想の体重、理想の体型になるためですよね。そのためには「○月○日までに○キロになる！」という目標を設定することが多いでしょう。

しかし、**その理想をもう少し深掘りしてみると、あなたの本当の望みが見えてくることがあります**。すると、本当の望みは、「○キロになること」そのものではないことが多いのです。

その望みは、たとえばダイエットに成功して自分に自信をつけることだったり、おしゃれを楽しむことだったり、子どもの入学式で自慢のお母さん（お父さん）になることだったりします。

ショッピングをするときも同じで、買うことそのものが本当の望みではなく、もちろん安いから買うのでもないはずです。であれば、自分にとって本当にそれが必要か、と考えて買うことができるのではないでしょうか。

誰かにプレゼントするものを買うときに、安いからという理由で選ばないですよね。「これをプレゼントしたら喜んでもらえる」とか、「あの人はこれを必要として いたな」という基準で選んでいるはずです。

同じように自分を大切にし、**自分にプレゼントするような気持ちで選べば、いい買い物ができるだけでなくダイエットにも成功できるでしょう。**

POINT
「本当の望み」を深掘りしてみよう

「貯金はいいこと」という考え方をやめる

お金もダイエットも「循環」が大事

いまあなたに予定外のお金がたくさん入ってきたらどうしますか？

日本では「貯金をする」と答える人がいちばん多いかもしれませんね。

お金を貯めるのはいいこと、お金を貯めておけば安心。だから収入を得たら貯金する……。それは本当にいいことなのでしょうか？

私はファイナンシャルプランナーでも投資家でもないので、専門的なことはいえません。ただ、お金も貯め込むと、いいことはないような気がします。

お金だけでなく、気持ち、ストレス、疲れ、モノ、スケジュール、体脂肪……。なんであれ、ため込んでしまうといいことはありません。

さらには情報や知識でさえも、ため込むことに意味がなくなってきています。これまでは知識がある人や物知りの人は重宝されてきました。しかし、いまやインターネットで検索すれば必要な情報は簡単に手に入りますし、知識の量ではＡＩにはかないません。

知識や情報を持っているだけで価値がある時代ではなくなってきているのです。

情報や知識は、具体的な行動に移すことではじめて生かされます。ダイエットの情報や知識はたくさん持っているのにやせられない。そんな人もたくさん見てきました。

お金も、どんなにたくさん貯めたとしても、あの世には持っていけません。

余談ですが、経営者仲間にもそういう方がいました。

仕事一辺倒でとくに趣味もなく、とにかくお金を使わずに貯金するのが好きだったのです。

ところが、ある日突然、心筋梗塞《しんきんこうそく》で亡くなられました。遺族の方から聞いた話ですが、相当な貯金があったけれど、相続税や遺産相続のことで困っていると。貯金することが悪いという話ではなく、ため込むことは決していいことばかりではないということです。

お金に限らず、すべて循環が大切です。

体重、体脂肪が多いということは、それだけ体のなかに老廃物や脂肪、便など余分なものをため込んでいるということです。

循環のいい体にするためにも、なんであれため込まず、循環させていきましょう。

POINT
循環するから新しいものが入ってくる

6章

ダイエットに「運動」は必要ない

……リバウンドと一生無縁になる方法

ジムに通うのをやめる

運動でやせるのは意外と難しい

やせるためにジムに通っている人は多いかと思いますが、ジムはやせるための場所ではありません。

テレビでもSNSでも、ジムの情報は目に入ってきます。

「2カ月後にこれだけやせた！」「体脂肪がこんなに落ちた！」「腹筋がきれいに割れた！」などなどのうたい文句や、ビフォーアフターのわかりやすい変化の写真が並び、「私もジムに行けばこうなれるかも！」とつい入会したくなってしまいます。

実際、ジムで運動をするのはとてもいいことだと思います。最新の器具がそろい、環境も整っているので、運動するうえでは非常に効率的です。

それなのになぜ、ダイエット目的でのジム通いはやめたほうがいいのでしょうか。

それは、**ジムは「適正体重でコンディションのいい人が、さらに自分に磨きをかけるための場所」**だからです。


たとえば、ダイエット目的でジムに入会したとしましょう。

ダイエットプログラムと称してトレーナーについてもらい、パーソナルトレーニングを受けます。最初のうちはストレッチやエアロバイク、ランニングマシーンなどを使った有酸素運動を行ない、そのあとやせやすい体にするために代謝を上げる筋トレをします。

ところがある程度までくると、やせられなくなってきます。すると次に行なうのが食べすぎや不規則な生活習慣の改善です。

多くの場合、やせるために糖質制限をし、筋肉をつけるためにタンパク質の摂取をすすめられます。食事だけではなかなか難しいという理由で、プロテインやアミノ酸などのサプリメントを使います。

そうしていくうちに、たしかにやせていきます。でもこれは、**運動でやせている**

のではなく、食事制限でやせているのです。

食事指導がメニューに含まれているジムもありますが、あくまでもジムは運動をする場所です。トレーナーも食事制限の専門家ではありません。

やせたいからとジムに行くのは、風邪をひいたのに歯医者さんに行くようなものだと私は思っています。

また、ジムのトレーナーは学生のときから何かのスポーツをしていて太っていたことがなく、その体型を維持しているだけという人がほとんどです。

もしくは太っていたことがあったけれど、食事制限をしてやせて、そこから筋トレに目覚めて筋肉をつけていったに過ぎません。

スリムな人が運動しているから、運動したらやせるように見えるだけで、そもそもスタート地点が違うのです。

もちろん、ジムに通ってはいけないというわけではありません。

しかし、人の体は習慣で成り立っています。

これまで運動習慣がなかった人が、ダイエットするためにジムに通って運動をしようとしても続かないし、何より運動習慣がなかったということは、太ったのは運動不足だったからではなく、別のところに原因があるはずなのでやせることはできません。

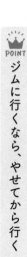

それでもどうしてもジムに通いたいというなら、ある程度やせてからにしましょう。そうしないと、時間とお金と労力の無駄になりますよ。

POINT ジムに行くなら、やせてから行く

「サボる」という言葉は使わない

頑張らないから挫折しない、魔法のルーティン

何を隠そう、その昔、私は三日坊主の天才でした。

運動だけではありません。勉強や習いごとなど、何をやっても三日坊主が当たり前。ジムに入会したときなど、三日坊主どころか、はじめて行った翌日に筋肉痛になって行くのをやめた〝一日坊主〟の経験もあります。

そんな何をやっても続かなかった私が、いまではまわりから「継続することが長所」とまでいわれるようになりました。

それはなぜか？　じつは〝継続の定義〟を変えたのです。

それまでは、継続の定義を「毎日」にしていました。

でも、それが続かない原因になっていたことに気がついたのです。

そこで、考え方を180度変えました。

つまり、最初から**「三日坊主でもOK」**としたのです。

たとえば、運動を月曜日、火曜日、水曜日と続けて、木曜日はサボってもOK。また金曜日から始めて、土曜日、日曜日は続けて月曜日はサボってOK。火曜日、水曜日、木曜日は続けて金曜日はサボってもOK。

こうすれば三日坊主でも、それをきちんと継続できていることになります。

それも難しければ、2日やって1日サボり、また2日やって……となってもOK。サイクルは自分で決めていいのです。それよりも、そのサイクルを続けることのほうが大切です。

こんなゆるいサイクルでも、1カ月続ければ20日はやったことになりますし、立派な継続になります。アスリートではないのですから、**1日も休まず続ける必要はない**のです。

どうでしょうか？　続けられそうな気がしませんか？

さらには、サボるときも**「サボる」という表現をやめて「積極的休息」というようにしました。**サボるというと自分を責めているように感じ、自信を失いますが、「積極的休息」あるいは「今日は休み」といえば、ポジティブになれます。

こうして行動ではなく定義を変えることで、何をやっても継続できるようになったのです。

なにごとも継続するためには、途中休憩は絶対に必要です。「今日はやるぞ！」と決めていても、気分が乗らないときもあります。そんなときは休んでいいのです。

途中でやめてしまわないために、休むのはむしろ効果的なのです。

POINT

三日坊主も連続すれば、立派な継続になる

運動するのをやめる

代謝さえ上がればやせるという「誤解」

これまでお話ししてきたように、運動はやせるために行なうものではありません。

運動をどんなに頑張ってもやせることはできません。もし毎日運動を続けることでやせるのなら、プロのスポーツ選手やアスリートはみんなやせているはずです。たとえばプロ野球選手はどうでしょう。毎日ハードな練習をしているはずなのに、お腹が出ている人や、下半身が太い人がたくさんいますよね。

たとえば、ジムで運動してやせる理由を分析するとこうなります。

ジムに通うことでモチベーションが高まり、自分と向き合う時間が増えるので、自分が太った原因も考えるようになります。「じつは太るような食事をしていた」

などと反省してこれまでの食生活を変えます。

また、運動前にしっかり食べるとお腹が痛くなったり気持ち悪くなったりするので、食事のとり方を考えるようになります。すると自然と食べる量が減り、炭水化物や油もの、スイーツもそれまでのように食べなくなるため、やせるのです。

「でも、運動をすると代謝が上がるのでは？」

「代謝が上がれば、脂肪が燃焼してやせるんじゃないの？」

という声もあるでしょう。代謝を上げて脂肪を燃焼させるとやせると思っている人がいますが、代謝が上がると、それだけお腹がすきやすくなります。そのため、これまで以上に食べて、逆に太ってしまうこともあるのです。

もちろん「代謝を下げたほうがいい」といっているわけではありません。「代謝を上げたからといって自動的にやせるわけではない」ということです。ですから、運動して無理に代謝を上げようと頑張らなくていいのです。

「脂肪が燃焼する」という言葉は、企業が商品を売るためにつくったキャッチフレーズに過ぎません。脂肪が燃焼することはないですし、体のなかで燃えることもないのです。要は、脂肪をエネルギーとして利用するプロセスがあるだけです。

そして、運動することで、脂肪をエネルギーとして消費しようとするのは、ダイエットの観点ではとても非効率的なのです。

運動してやせたという人がいたとすれば、それは運動でやせたというよりは、同時に食事の内容も変えたり、食事制限をしたりしたことでやせたのです。

たしかに運動することでむくみがとれてやせることもありますが、せいぜい2、3キロがいいところ。それ以上にやせたとしたら、それは食事を変えた結果です。

誤解しないでいただきたいのですが、運動をするな、運動など意味がない、といっているのではありません。**「やせるために運動をしてもやせません」**ということを、お伝えしたいのです。

運動をバリバリやっている人はみんなスリムだから、運動すればやせると思われていますが、じつは逆。健康でスリムな人が運動をやっているだけなのです。

太っている人や不健康な人がいきなり運動をしても、逆にケガをしたり体調を崩したりする可能性が高くなってしまいます。

私も体を動かすことは好きですし、スポーツも大好きです。

でも、やせるためにやっているわけではありません。運動はやせるためにするものではない、ということを大前提としてやっています。

この考え方を身につけないと、いつまでたっても運動したらやせる、代謝を上げたらやせる、などという間違った考え方に踊らされてしまいますよ。

POINT

やっぱり食事を変えなければやせられない

万歩計の歩数確認をやめる

↓たくさん歩くより大切なこと

「今日は1日1万歩、達成！」

「明日も1万歩を目標に頑張ろう」

などと、1日にどれくらい歩いたのかを計測している人がいます。

万歩計アプリなどを使って、毎日チェックしている人もいるでしょう。


歩くとたしかに健康にいい効果があります。ウォーキングや散歩は気分転換にもなりますし、万歩計でどれくらい自分が歩いたのか確認することはモチベーションアップにもつながります。

そもそも普段からよく歩く人は、若々しい人が多いですよね。

歩くと下半身の筋肉を使うだけでなく、両腕や上半身の筋肉も自然に使われ、姿勢にもいい影響を与えてくれます。

ただ、**残念ながら普通の速度で1日何万歩も歩いたとしても、やせる効果はあまり期待できません。**

なぜなら、人の体というものは負荷をかけないと成長しないからです。

競歩のように息が切れるくらいの速度で何キロも歩けば、やせる効果も望めるでしょう。ですが、息が切れるほどの負荷がかかっていなければ、1日のトータルとして何万歩も歩いたところでダイエットにはつながらないのです。

わが家の近所に大きな公園があります。そこに雨の日も雪の日も、夏の暑い日でもサウナスーツを着て両手にダンベルを持って、毎日ウォーキングしている年配の男性がいます。

この男性が何を目的にウォーキングをしているのかはわかりません。ただ、ダイエットが目的だったとしたら、この10年間まったくやせていません。むしろ最近ちょっと太ったかな？　と思うくらい顔がふっくらしてきています。

また、以前、マンションの同じ階に60歳くらいの女性が住んでいたのですが、夕方4時になると首にタオルをかけて近所の公園にウォーキングに行っていました。しかし同じようにまったくやせませんでした。

このように、毎日ウォーキングをしているけれどやせられない人が、あなたのまわりにもいるのではないでしょうか？


くり返しますが、ダイエットが目的でウォーキングを行なうのであれば、息が切れるくらいの速度で歩かなければやせる効果は期待できません。

万歩計を使うのが悪いわけではありませんが、もとよりウォーキングや散歩はリフレッシュやリラックスするためにするもの。目標の歩数を歩くことに執着するあまり、ウォーキングの本質を見失ってしまったら本末転倒ですよ。

POINT
万歩計は体重計と同じ。モチベーションの道具に過ぎない

エスカレーターを使うのをやめる

やせられない人の「ドラえもんとのび太の法則」

目の前に階段とエスカレーターがあったら、あなたはどちらを使いますか？

ダイエットの話でありがちな質問ですが、じつは階段を使ってもダイエットの効果はありません。階段の段数にもよりますが、階段を使おうが、エスカレーターを使おうが、残念ながら大差はないのです。

それでも、目の前に階段とエスカレーターがあれば、階段を使うのをおすすめします。

なぜ階段を使ったほうがいいのかというと、姿勢の問題です。

ここでいう姿勢とは背筋《せすじ》のことではなく、ダイエットに取り組む心の姿勢のこと。

階段を使ってもエスカレーターを使っても差がないのに、それでも階段というキツイほう、面倒くさいほうを選ぶという〝姿勢〟にダイエット効果があるのです。

これまでの自分を変えないと、ダイエットに成功することはできません。

ダイエットに失敗する人は、これまでの自分を変えずに結果だけ変えようとします。これを私はよく、「ドラえもんとのび太の法則」といっています。

のび太はジャイアンやスネ夫にイジメられ、バカにされます。そして泣きながら帰って、ドラえもんに助けを求め、ドラえもんが出すひみつ道具で仕返しをするというケースがほとんどです。

しかしのび太は、自分がなぜイジメられたり、バカにされたりしてしまうのかと原因を考え、そこを変えることはしません。

つまり、これまでの自分を変えていないため、また同じことのくり返しになるのです。

ダイエットはまさにこれと同じ。

自分がなぜ太ってしまったのか、原因を考えなければやせられませんし、たとえ、やせたとしてもすぐにリバウンドしてしまうでしょう。

これまでエスカレーターを使っていた人が階段を使っても、期待するようなダイエット効果はありません。でも、そこで、これまでの自分を変え、あえてキツイほう、面倒くさいほうを選ぶ姿勢があるかどうかです。これまで避けてきたこと、やってこなかったことをしていると自分に自信がつきます。ここが大事なのです。

POINT
これまでの自分を変えようとする「姿勢」がダイエットのキモになる

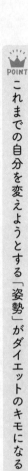

本書は、本文庫のために書き下ろされたものです。

やせたいなら、これをやめなさい。

著者　上野啓樹（うえの・けいじゅ）
発行者　押鐘太陽
発行所　株式会社三笠書房
〒102-0072 東京都千代田区飯田橋3-3-1
電話　03-5226-5734（営業部）　03-5226-5731（編集部）
https://www.mikasashobo.co.jp
印刷　誠宏印刷
製本　ナショナル製本

ISBN978-4-8379-3078-5 C0130

王様文庫

王様文庫

龍神のすごい浄化術

SHINGO

龍神と仲良くなると、運気は爆上がり！　お金、仕事、人間関係……全部うまくいく龍神の浄化術を大公開。◎目が覚めたらすぐ、布団の中で龍にお願い！　◎考えすぎたときは、ドラゴンダンス！　◎龍の置物や絵に手を合わせて感謝する……☆最強浄化パワー、龍のお守りカード付き！

週末朝活

池田千恵

「なんでもできる朝」って、こんなにおもしろい！　○「朝一番のカフェ」の最高活用法　○今まで感じたことがない「リフレッシュ」　○「できたらいいな」リスト……週末なら、時間も行動も、もっと自由に組み立てられる。心と体に「余白」が生まれる59の提案。

「運のいい人」は手放すのがうまい

大木ゆきの

こだわりを上手に手放してスパーンと開運していくコツを「宇宙におまかせナビゲーター」が伝授！　◎心がときめいた瞬間、宇宙から幸運が流れ込む　◎「思い切って動く」とエネルギーが好循環……心から楽しいことをするだけで、想像以上のミラクルがやってくる！

K30651